sommaire

Le kirigami ou l'art de plier, couper et déplier du papier origami.

On fait courir ses ciseaux en songeant avec impatience au résultat, et on déplie sa feuille comme on ouvrirait un cadeau précieux ! Et là, comme toujours, on est subjugué par la beauté de la symétrie...
Le découpage de papier a rempli mon enfance et continue à me passionner aujourd'hui.

Dans ce livre, je vous présente des motifs symétriques ainsi que des ribambelles, réalisés en pliant simplement du papier origami. Je vous invite à combiner ces modèles avec ceux du 1er volume pour décorer votre intérieur.

À créer où bon vous semble, quand bon vous semble !

kirigami 1

Créatures des bois

Plier, couper, ouvrir. Apaisants à regarder, ces adorables animaux sont aussi faciles à réaliser. À vos ciseaux !

1	**Lapin**	Accordéon à 8 plis	Réalisation...P. 49
2	**Écureuil**	Accordéon à 4 plis	Réalisation...P. 49
3	**Renard**	Accordéon à 4 plis	Réalisation...P. 49
4	**Faon**	Accordéon à 4 plis	Réalisation...P. 49
5	**Ours**	Accordéon à 4 plis	Réalisation...P. 49
6	**Fruits sauvages**	Carré plié en 2	Réalisation...P. 49

7	**Taupe**	Accordéon à 4 plis	Réalisation...P. 50
8	**Écureuil**	Accordéon à 4 plis	Réalisation...P. 50
9	**Souris**	Accordéon à 4 plis	Réalisation...P. 50
10	**Plante grimpante**	Accordéon à 6 plis	Réalisation...P. 50
11	**Lapin**	Triangle plié en 8	Réalisation...P. 50

kirigami 2

Animaux du monde

Voici d'adorables animaux placés les uns à côté des autres.
Ils plairont tout particulièrement aux enfants !

12 Éléphant Triangle plié en 8
Réalisation...P. 51

13 Girafe Carré plié en 2
Réalisation...P. 51

14 Kangourou Accordéon à 4 plis
Réalisation...P. 51

15 Cheval Triangle plié en 8
Réalisation...P. 51

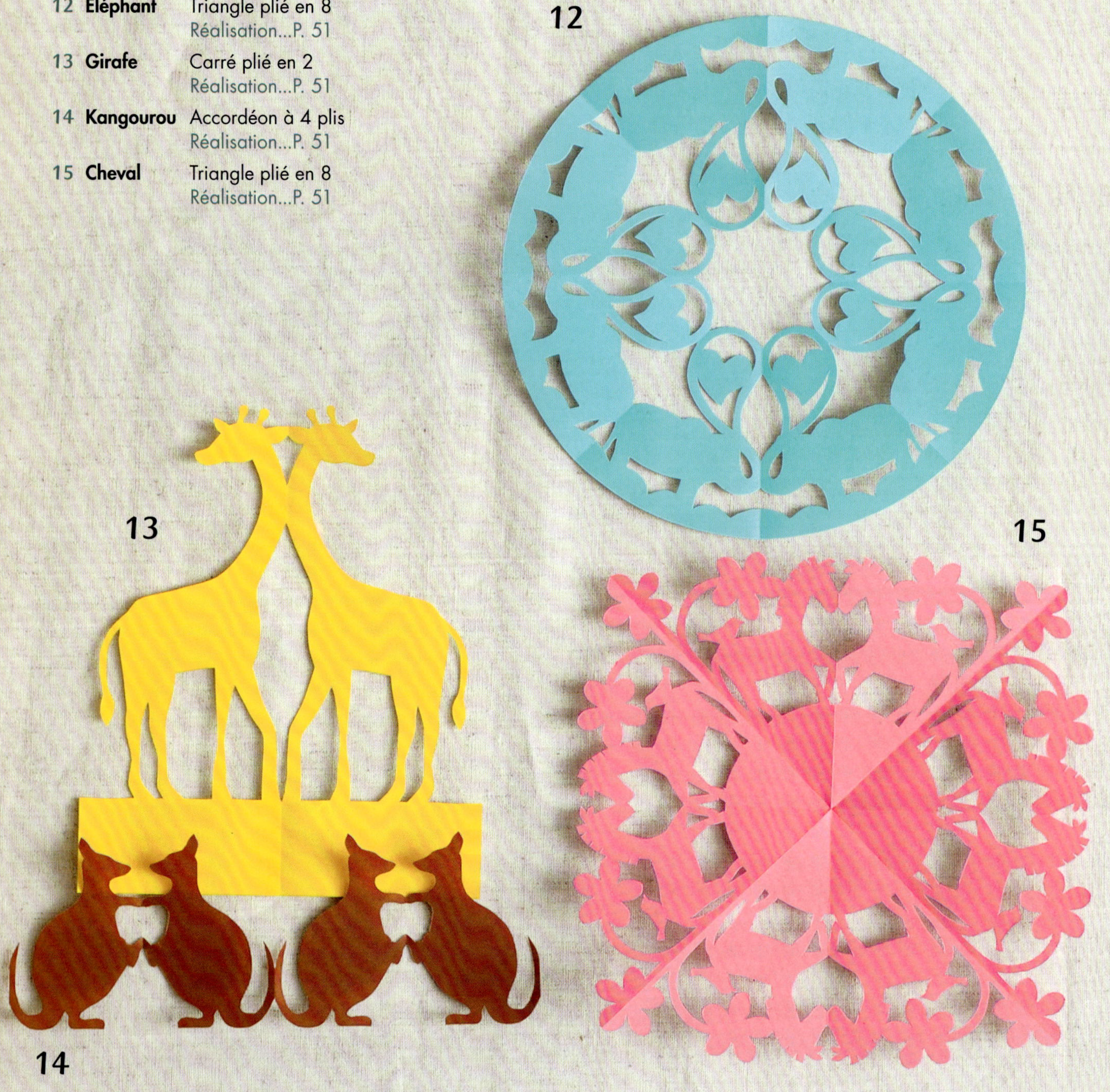

16

17

18

19

20

21

16	**Panda**	Accordéon à 4 plis Réalisation…P. 52
17	**Couronne de fleurs**	Triangle plié en 6 Réalisation…P. 52
18	**Mouton**	Carré plié en 2 Réalisation…P. 52
19	**Cane et ses canetons**	Carré plié en 2 Réalisation…P. 52
20	**Chèvre**	Carré plié en 2 Réalisation…P. 52
21	**Âne**	Carré plié en 2 Réalisation…P. 53

Magnifiques oiseaux

Ces jolis motifs inspirés des silhouettes des oiseaux apporteront une touche de féminité à un intérieur, ou décoreront la chambre d'un enfant.

22

23

24

25

26

22 Colibri
Carré plié en 2
Réalisation...P. 53

23 Cygne
Accordéon à 4 plis
Réalisation...P. 53

24 Paon
Accordéon à 4 plis
Réalisation...P. 53

25 Flamant rose
Accordéon à 4 plis
Réalisation...P. 53

26 Hibou
Accordéon à 4 plis
Réalisation...P. 54

27

28

29

27	**Colombe**	Triangle plié en 8	Réalisation...P. 54
28	**Oiseaux motif cœur**	Triangle plié en 8	Réalisation...P. 54
29	**Pic**	Triangle plié en 8	Réalisation...P. 54

kirigami 4

Mignons petits insectes

Voici des insectes au design réaliste qui plairont autant aux enfants qu'aux adultes !

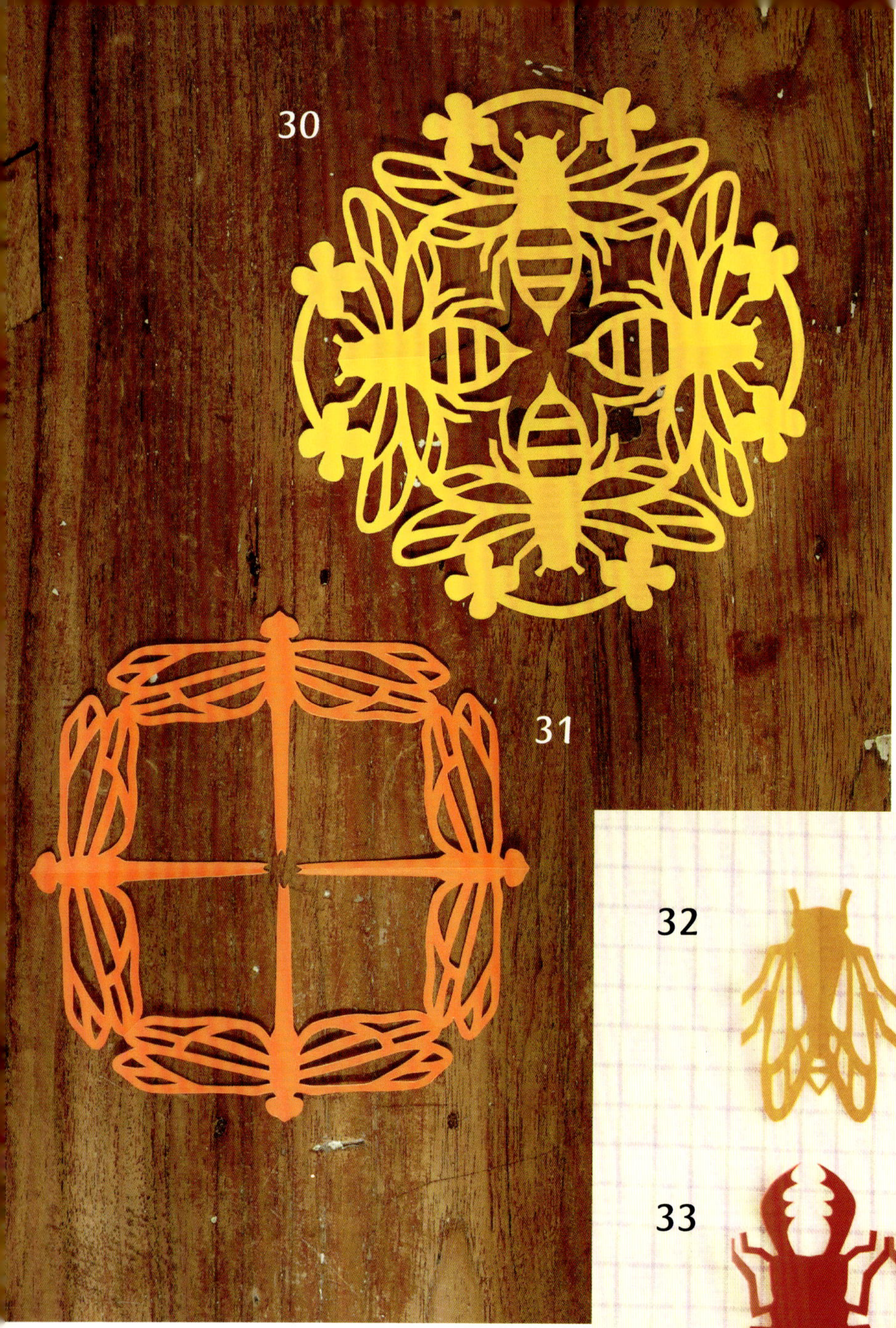

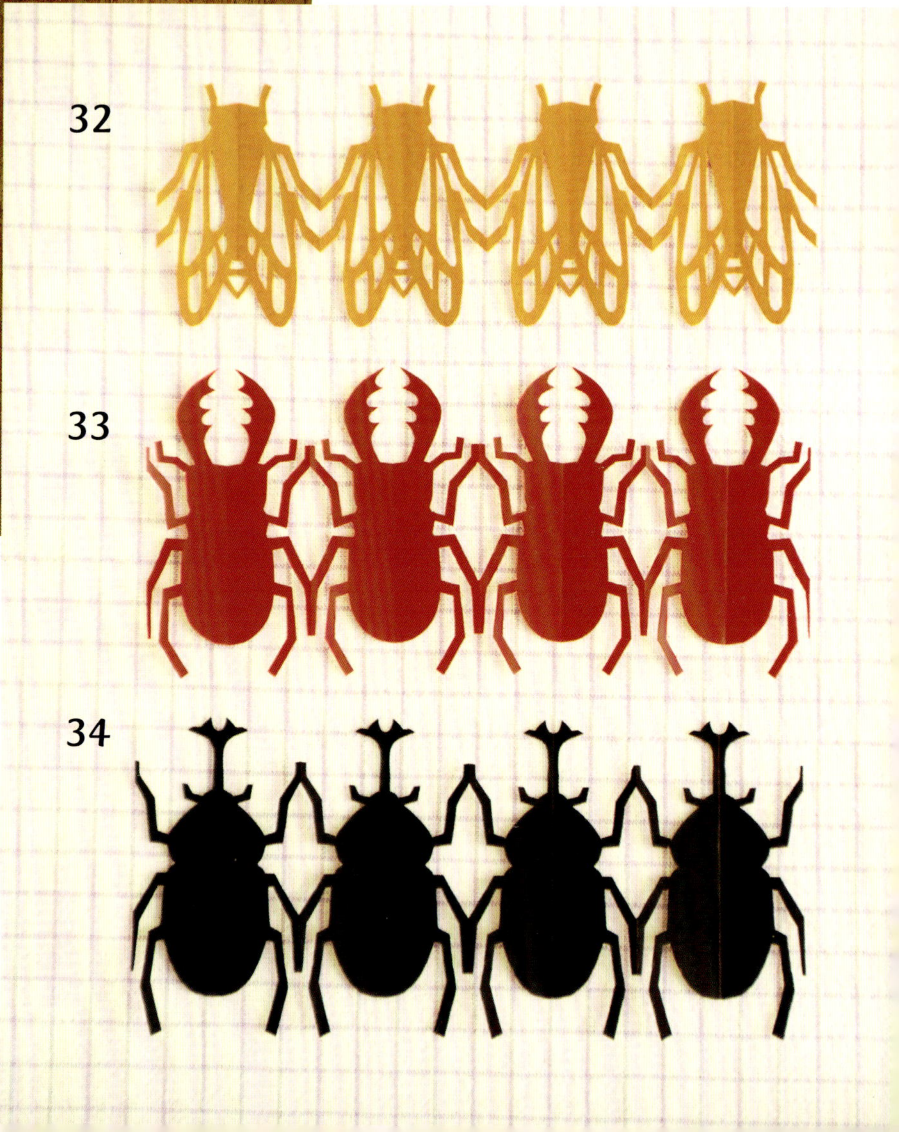

30	**Abeille**	Triangle plié en 8 Réalisation...P. 55
31	**Libellule**	Triangle plié en 8 Réalisation...P. 55
32	**Cigale**	Accordéon à 8 plis Réalisation...P. 55
33	**Lucane**	Accordéon à 8 plis Réalisation...P. 55
34	**Scarabée-rhinocéros**	Accordéon à 8 plis Réalisation...P. 55

35 **Papillon** Carré plié en 2
Réalisation...P. 56
36 **Papillon** Carré plié en 2
Réalisation...P. 56
37 **Papillon** Carré plié en 2
Réalisation...P. 56
38 **Papillon** Carré plié en 2
Réalisation...P. 57
39 **Papillon** Carré plié en 2
Réalisation...P. 57

Pour un intérieur coquet, on peut découper toutes sortes de papillons, puis les coller sur une fenêtre. Regardez : on a l'impression qu'ils volent !

kirigami 5

Les quatre saisons

Voici de nombreux motifs pour vivre au gré des saisons !

Printemps

Le soleil commence à pointer le bout de son nez et l'humeur se fait joyeuse... Le printemps est là ! Voici d'adorables motifs pour illustrer cette douce saison.

40

40	**Hirondelle**	Accordéon à 4 plis	Réalisation...P. 57
41	**Papillon et ruban**	Triangle plié en 8	Réalisation...P. 57
42	**Pissenlit**	Triangle plié en 8	Réalisation...P. 58
43	**Iris**	Accordéon à 8 plis	Réalisation...P. 58
44	**Fraise**	Accordéon à 8 plis	Réalisation...P. 58
45	**Chapeau**	Accordéon à 4 plis	Réalisation...P. 58

46	**Renoncule**	Triangle plié en 6	Réalisation...P. 59
47	**Papillon**	Carré plié en 2	Réalisation...P. 59
48	**Trèfle à 4 feuilles**	Triangle plié en 8	Réalisation...P. 59

Découpez des renoncules, des papillons et des trèfles à 4 feuilles dans des couleurs différentes. Disposez-les librement sur une assiette. Une déco simple et efficace !

Été

Voici des kirigami aux couleurs vives mettant à l'honneur la plage et la saison des pluies !

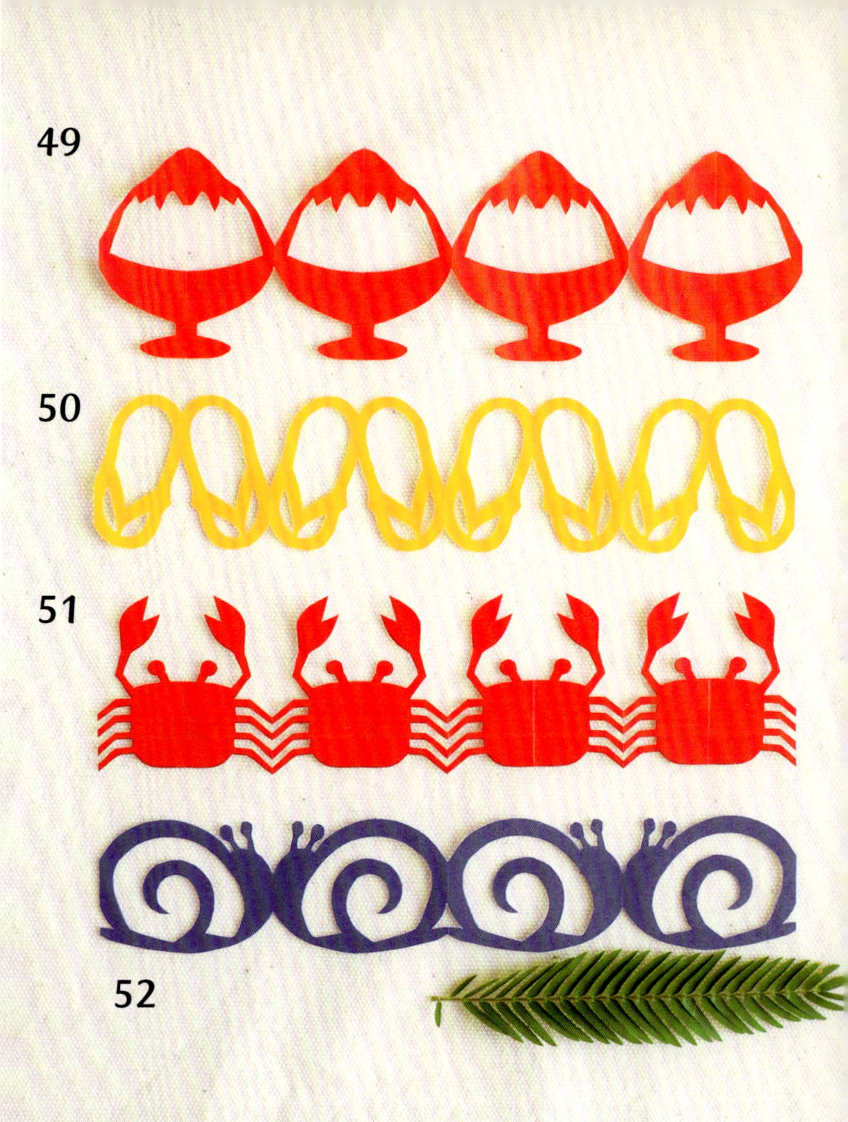

49 **Granité**
Accordéon à 8 plis
Réalisation...P. 59

50 **Tong**
Accordéon à 8 plis
Réalisation...P. 59

51 **Crabe**
Accordéon à 8 plis
Réalisation...P. 60

52 **Escargot**
Accordéon à 4 plis
Réalisation...P. 60

53 **Poisson rouge**
Triangle plié en 8
Réalisation...P. 60

54 **Grenouille**
Triangle plié en 8
Réalisation...P. 60

Un mobile en 3D aux jolies gouttes pastel.

Ci-dessous, de grandes plantes tropicales, que j'ai simplement alignées le long du mur.

55	**Mobile 1 goutte**	Carré plié en 2	Réalisation...P. 61
56	**Mobile 2 gouttes**	Carré plié en 2	Réalisation...P. 61
57	**Mobile parapluie**	Carré plié en 2	Réalisation...P. 61
58	**Mobile végétal**	Carré plié en 2	Réalisation...P. 62
59	**Mobile végétal**	Carré plié en 2	Réalisation...P. 62
60	**Mobile végétal**	Accordéon à 8 plis	Réalisation...P. 62
61	**Mobile végétal**	Carré plié en 2	Réalisation...P. 63
62	**Mobile végétal**	Carré plié en 2	Réalisation...P. 63
63	**Mobile végétal**	Carré plié en 2	Réalisation...P. 63

Automne

Fleurs, feuilles et fruits sauvages viennent colorer la nature avant que celle-ci se mette en sommeil. Voici quelques kirigami pour une ambiance douce et paisible.

64

65

66

64	**Lycoris**	Triangle plié en 8	Réalisation...P. 64
65	**Houx**	Triangle plié en 8	Réalisation...P. 64
66	**Gentiane**	Triangle plié en 8	Réalisation...P. 64

Pour faire entrer l'automne dans votre intérieur, rien de plus simple : disposez librement quelques feuilles mortes et fruits sauvages dans une corbeille ou simplement sur une table...

Parce que l'automne est aussi la saison des récoltes, j'ai imaginé des motifs de pomme, de châtaigne et de champignon !

67	**Fruits sauvages**	Accordéon à 6 plis Réalisation...P. 64
68	**Feuille morte**	Carré plié en 2 Réalisation...P. 65
69	**Feuille morte**	Carré plié en 2 Réalisation...P. 65
70	**Feuille morte**	Carré plié en 2 Réalisation...P. 65
71	**Feuille morte**	Carré plié en 2 Réalisation...P. 65
72	**Pomme**	Accordéon à 8 plis Réalisation...P. 66
73	**Châtaigne**	Accordéon à 8 plis Réalisation...P. 66
74	**Champignon**	Accordéon à 8 plis Réalisation...P. 66

Hiver

En cette saison froide, qui dit festivités dit Noël !
Pour une déco chic, préférez des tonalités claires.

75

76

77

78

79

80

75	**Renne**	Triangle plié en 8	Réalisation…P. 66
76	**Couronne de l'Avent**	Triangle plié en 8	Réalisation…P. 66
77	**Sapin**	Accordéon à 8 plis	Réalisation…P. 67
78	**Cœur**	Accordéon à 8 plis	Réalisation…P. 67
79	**Bougie**	Accordéon à 8 plis	Réalisation…P. 67
80	**Le Père Noël et ses rennes**	Carré plié en 2	Réalisation…P. 67

81	**Mobile cristal de glace**	Triangle plié en 6	Réalisation…P. 68
82	**Mobile cristal de glace**	Triangle plié en 6	Réalisation…P. 68
83	**Grand sapin**	Carré plié en 2	Réalisation…P. 69
84	**Petit sapin**	Carré plié en 2	Réalisation…P. 69
85	**Grand cristal de glace**	Triangle plié en 6	Réalisation…P. 68
86	**Petit cristal de glace**	Triangle plié en 6	Réalisation…P. 68

Pour réaliser une belle déco de Noël en un tour de main, disposez quelques cristaux de glace sur une table, suspendez-en d'autres sur le mur et placez harmonieusement les sapins sur la table.

kirigami 6

Toutes sortes de fleurs

Voici de nombreux motifs de fleurs.
Sachant que leur rendu change suivant la couleur du papier utilisé,
on peut s'amuser à tester le même modèle dans différents coloris !

87 **Fleur** Triangle plié en 8 Réalisation…P. 69
88 **Fleur** Triangle plié en 8 Réalisation…P. 69

87

88

89 Gerbera Triangle plié en 8 Réalisation...P. 70
90 Anémone Triangle plié en 8 Réalisation...P. 70
91 Fleur Triangle plié en 8 Réalisation...P. 40

Les explications du modèle 91 sont accompagnées de photos.

89

90

91

92 Fleur Triangle plié en 8 Réalisation...P. 71
93 Fleur Triangle plié en 8 Réalisation...P. 71
94 Jacinthe Triangle plié en 8 Réalisation...P. 71

95 **Fleur** Triangle plié en 8 Réalisation... P. 70
96 **Fleur** Triangle plié en 8 Réalisation... P. 70

97

98

97 **Rose** Triangle plié en 8 Réalisation…P. 72
98 **Rose** Triangle plié en 8 Réalisation…P. 72

Les fleurs ci-dessous sont constituées de plusieurs parties superposées, assemblées avec une punaise. On peut par exemple les encadrer pour une belle déco colorée !

99 Anémone Triangle plié en 8 Réalisation...P. 74
100 Coquelicot Triangle plié en 8 Réalisation...P. 74
101 Fleur Triangle plié en 8 Réalisation...P. 75
102 Petite fleur Triangle plié en 8 Réalisation...P. 75
103 Petite fleur Triangle plié en 8 Réalisation...P. 75

Contes pour enfants

Retrouvons maintenant les contes de Grimm ! Ces adorables kirigami vont vous faire retomber en enfance !

104

106

105

107

108

104	**Livre**	Accordéon à 8 plis	Réalisation…P. 73
105	**Le Chat botté**	Carré plié en 2	Réalisation…P. 72
106	**Le Roi Grenouille**	Carré plié en 2	Réalisation…P. 72
107	**Les Musiciens de Brême**	Carré plié en 2	Réalisation…P. 73
108	**Le Petit Chaperon rouge**	Carré plié en 2	Réalisation…P. 73

kirigami 8

Pierres précieuses

Ces pierres précieuses stylisées sont encore plus mignonnes lorsqu'elles sont nombreuses !
Réalisés avec du papier origami métallisé, les mobiles scintillent à chaque oscillation.

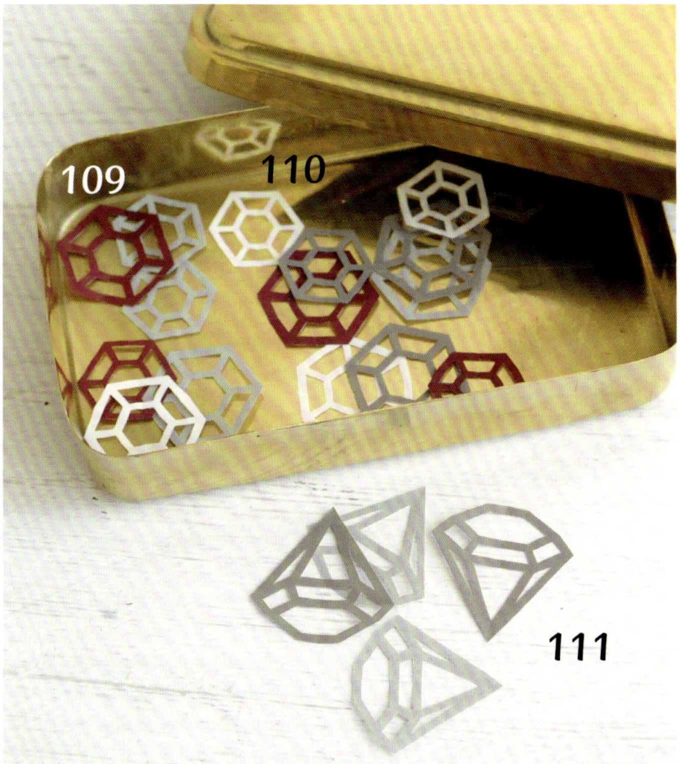

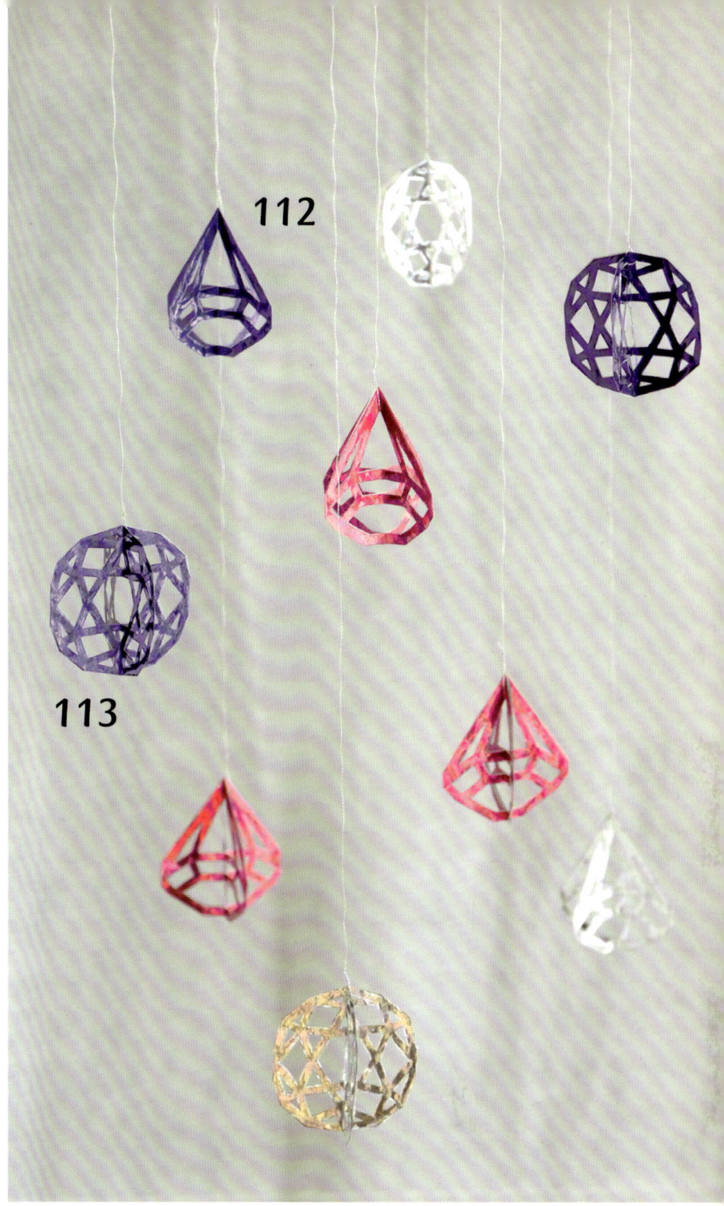

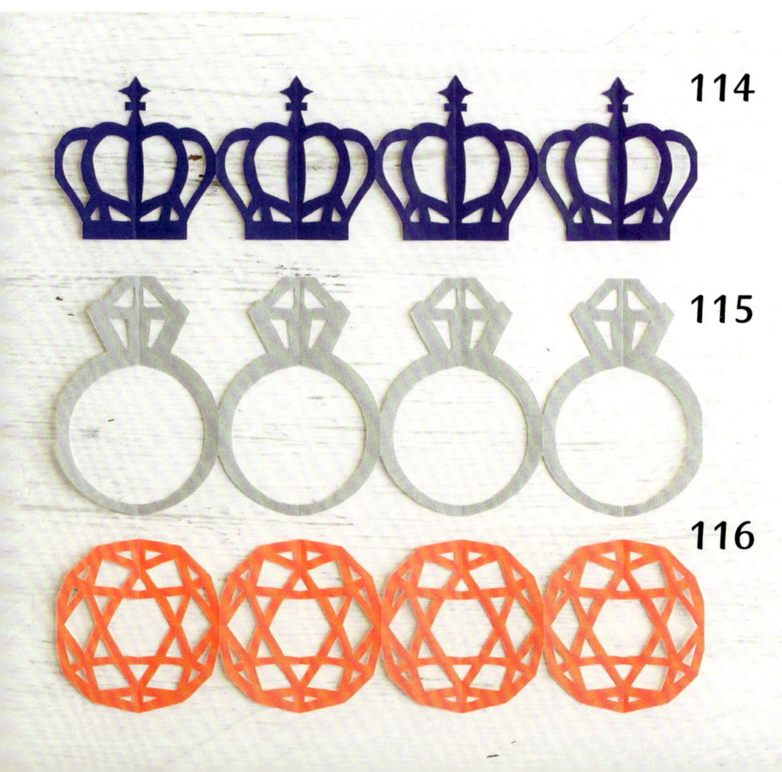

109	**Grande pierre précieuse**	Triangle plié en 6	Réalisation...P. 76
110	**Petite pierre précieuse**	Triangle plié en 6	Réalisation...P. 76
111	**Pierre précieuse**	Carré plié en 2	Réalisation...P. 76
112	**Mobile pierre précieuse**	Accordéon à 8 plis	Réalisation...P. 76
113	**Mobile pierre précieuse**	Accordéon à 8 plis	Réalisation...P. 76
114	**Couronne**	Accordéon à 8 plis	Réalisation...P. 76
115	**Bague**	Accordéon à 8 plis	Réalisation...P. 76
116	**Pierre précieuse**	Accordéon à 8 plis	Réalisation...P. 76

kirigami 9

Cadres photo

Parce que l'art du kirigami offre de multiples possibilités,
on peut même s'amuser à créer des cadres pour nos photos !
Quel bonheur de pouvoir décorer jusqu'à nos souvenirs !

117 **Cadre photo** Triangle plié en 8 Réalisation...P. 77
118 **Cadre photo** Carré plié en 4 Réalisation...P. 77

119

120

121

119 **Cadre photo**
Carré plié en 4
Réalisation…P. 77

120 **Cadre photo**
Carré plié en 4
Réalisation…P. 77

121 **Cadre photo**
Carré plié en 4
Réalisation…P. 78

kirigami 10

Dentelles

Ces dentelles apporteront instantanément une touche féminine à votre pièce !
À utiliser librement pour décorer un meuble ou bien y déposer quelques friandises...

122 **Napperon** Triangle plié en 6 Réalisation...P. 78
123 **Napperon** Triangle plié en 6 Réalisation...P. 78
124 **Napperon** Triangle plié en 6 Réalisation...P. 79

122

123

124

Ci-contre, des kirigami en forme de galon. On peut par exemple en découper plusieurs et les attacher les uns aux autres pour obtenir une frise !

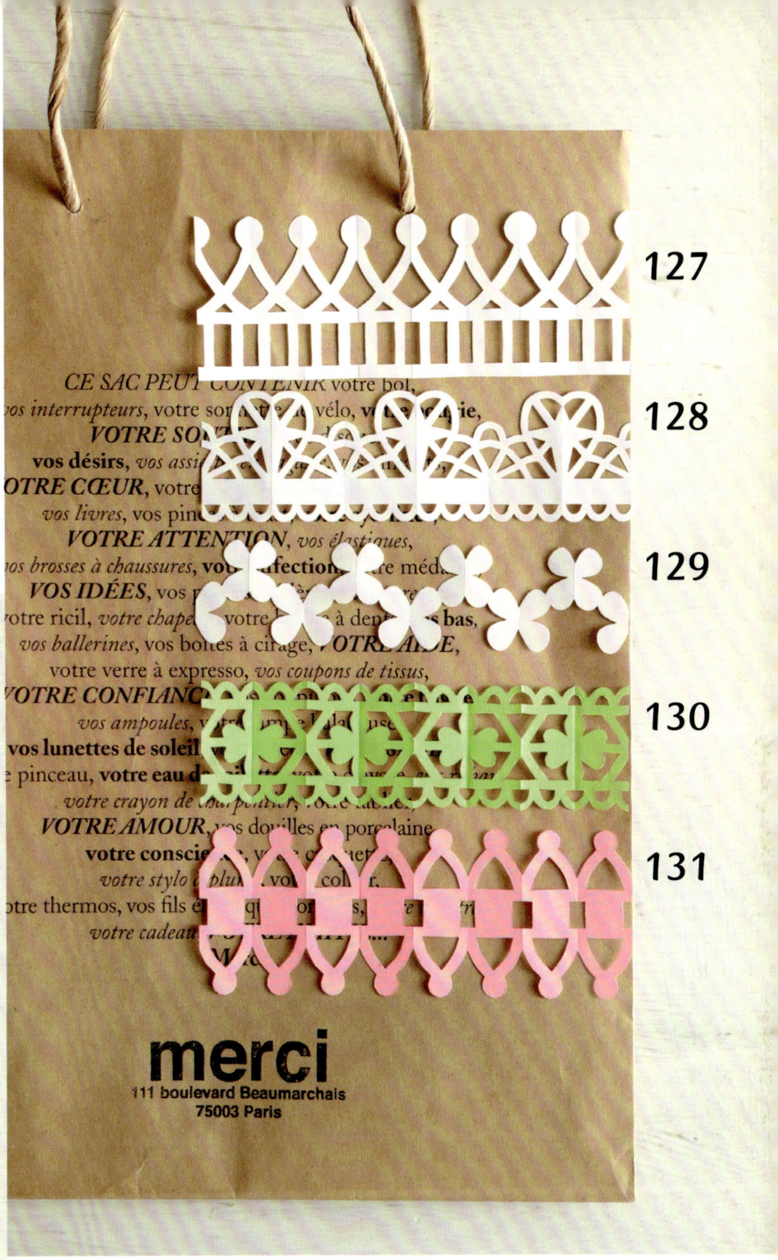

125	**Napperon**	Triangle plié en 8 Réalisation…P. 78
126	**Napperon**	Triangle plié en 8 Réalisation…P. 79
127	**Galon**	Accordéon à 8 plis Réalisation…P. 79
128	**Galon**	Accordéon à 6 plis Réalisation…P. 79
129	**Galon**	Accordéon à 8 plis Réalisation…P. 79
130	**Galon**	Accordéon à 8 plis Réalisation…P. 79
131	**Galon**	Accordéon à 8 plis Réalisation…P. 79

kirigami 11

À partir d'une enveloppe

Voici des kirigami réalisés cette fois à partir d'une enveloppe ! En tournant à notre avantage sa forme cylindrique, on fait tenir les motifs debout !

D'adorables chats et souris, simplement découpés puis posés tels quels sur la table.

Il suffit de glisser le kirigami autour du vase pour que le motif de rose apparaisse instantanément.

132 **Chat**
Carré plié en 2 (enveloppe)
Réalisation…P. 80

133 **Souris**
Carré plié en 2 (enveloppe)
Réalisation…P. 80

134 **Chat**
Carré plié en 2 (enveloppe)
Réalisation…P. 80

135 **Rose**
Accordéon à 3 plis (enveloppe)
Réalisation…P. 80

136 **Couronne**
Accordéon à 4 plis (enveloppe)
Réalisation…P. 80

137 **Couronne**
Accordéon à 4 plis (enveloppe)
Réalisation…P. 80

Voici des réalisations composées chacune de 2 kirigami. À gauche, une jeune fille apparaît à son balcon ; à droite, elle semble surgir d'un bosquet.

138 **Jeune fille au balcon**

Balcon Carré plié en 2 (enveloppe)
Réalisation…P. 81

Jeune fille Carré plié en 2
Réalisation…P. 81

139 **Jeune fille dans le bosquet**

Bosquet Carré plié en 2 (enveloppe)
Réalisation…P. 81

Jeune fille Carré plié en 2
Réalisation…P. 81

kirigami 12

Motifs géométriques

Les motifs géométriques possèdent une fraîcheur qui plaît autant aux hommes qu'aux femmes. Ceux-là peuvent sembler difficiles à réaliser, mais ils comportent en réalité beaucoup d'angles droits, ce qui facilite leur découpage.

140

141

142

140 **Motif géométrique** Triangle plié en 6 Réalisation…P. 82
141 **Motif géométrique** Triangle plié en 8 Réalisation…P. 82
142 **Motif géométrique** Triangle plié en 6 Réalisation…P. 82

143 Motif géométrique Triangle plié en 8 Réalisation...P. 83

144 Motif géométrique Triangle plié en 8 Réalisation...P. 83

145 Motif géométrique Triangle plié en 8 Réalisation...P. 83

146 Motif géométrique Triangle plié en 8 Réalisation...P. 83

Par une matinée ensoleillée

Voici un ensemble de motifs qui semblent annoncer une magnifique journée ! Préférez des couleurs vives et énergiques.

150

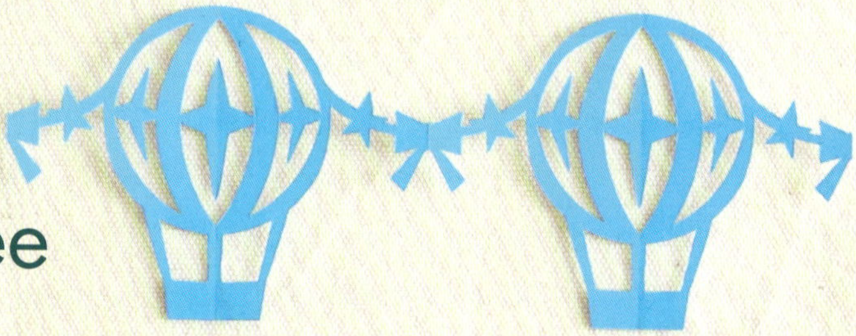

151

147

148

149

152

147	**Moineau**	Accordéon à 4 plis	Réalisation...P. 85
148	**Linge**	Accordéon à 4 plis	Réalisation...P. 85
149	**Arrosage**	Accordéon à 4 plis	Réalisation...P. 85
150	**Montgolfière**	Accordéon à 4 plis	Réalisation...P. 86
151	**Maison**	Accordéon à 4 plis	Réalisation...P. 86
152	**Fleurs**	Accordéon à 4 plis	Réalisation...P. 86

153 Ornement fleurs
Carré plié en 2
Réalisation…P. 84

154 Ornement cœur
Carré plié en 2
Réalisation…P. 84

155 Ornement oiseaux
Carré plié en 2
Réalisation…P. 85

Trois ornements pleins de charme à suspendre seuls ou bien à combiner. Les motifs de fleurs et d'oiseaux apporteront une note de fraîcheur à votre intérieur.

kirigami 14

Nuit étoilée

Pour les derniers kirigami de cet ouvrage, j'ai transposé une nuit étoilée en utilisant des couleurs plus sobres.

156

157

158

159

156 **Étoile** Accordéon à 8 plis Réalisation...P. 87
157 **Immeuble** Accordéon à 4 plis Réalisation...P. 86
158 **Arbres** Accordéon à 4 plis Réalisation...P. 86
159 **Maison** Accordéon à 4 plis Réalisation...P. 87

Pour réaliser ce modèle, suspendre librement 4 sortes d'étoiles. On a hâte que la nuit tombe pour pouvoir en profiter !

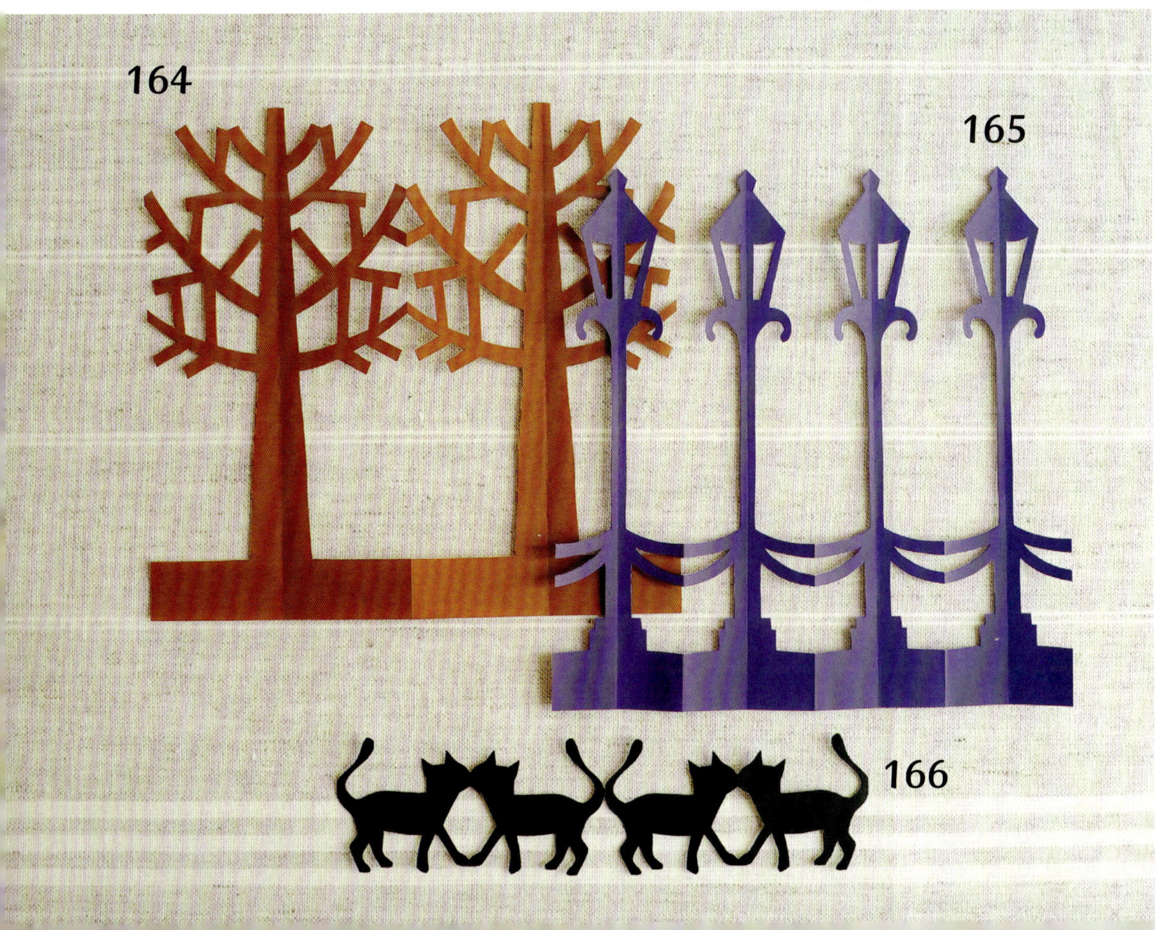

160 Mobile étoile
Carré plié en 2
Réalisation…P. 88

161 Mobile étoile
Carré plié en 2
Réalisation…P. 88

162 Mobile étoile
Carré plié en 2
Réalisation…P. 88

163 Mobile étoile
Carré plié en 2
Réalisation…P. 88

164 Arbre
Accordéon à 4 plis
Réalisation…P. 87

165 Réverbère
Accordéon à 8 plis
Réalisation…P. 87

166 Chat
Accordéon à 4 plis
Réalisation…P. 87

how to kirigami

Matériel

Voici le matériel nécessaire, à réunir avant de commencer !

Matériel de base

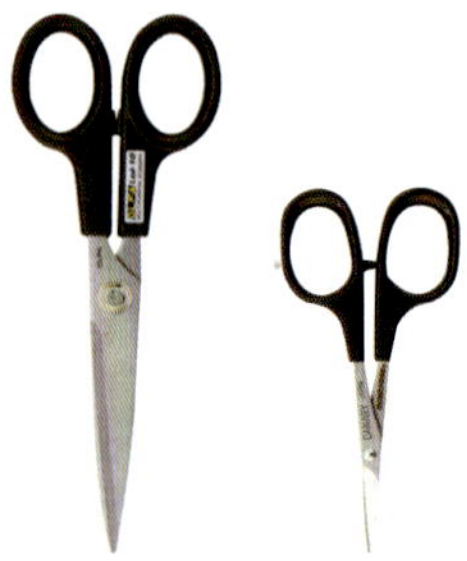

Ciseaux

Préparer 2 paires de ciseaux adaptées à la taille de votre main. Préférer des ciseaux confortables. Les lames au bout pointu permettent d'atteindre les endroits difficiles d'accès.

Cutter

Sert à découper les parties qui ne peuvent être atteintes avec les ciseaux. Pour les réalisations de cet ouvrage, ce cutter est suffisant.

Scalpel

Il existe des lames de 30° et de 45°. Les lames de 30° sont particulièrement adaptées pour couper les petites parties.

Matériel complémentaire

Crayon à papier

On s'en sert pour reproduire les gabarits.

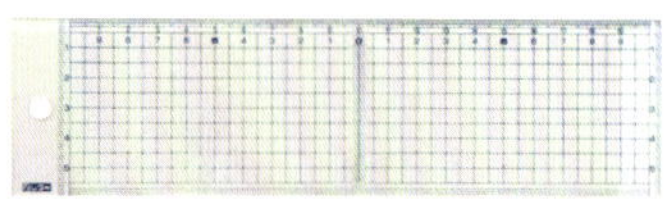

Règle

Pour tracer les lignes droites des gabarits. Préférer une règle transparente graduée.

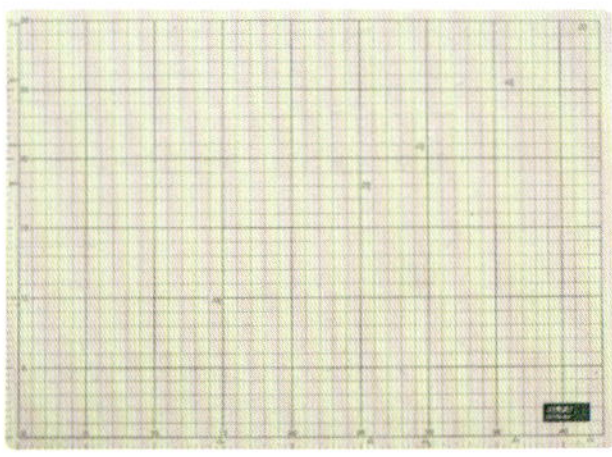

Plaque de coupe

Utilisée pour découper du papier. Placée sous la feuille, elle permet de protéger la table et d'avoir un beau rendu.

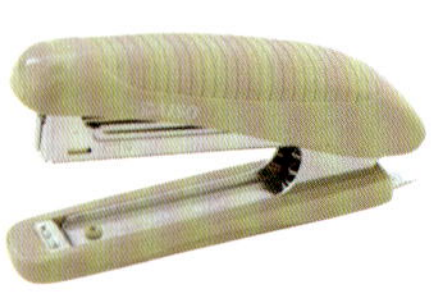

Agrafeuse

Pour attacher un gabarit sur une feuille ou pour faire tenir les feuilles ensemble lors du découpage.

Papier calque

Pour reproduire les gabarits.

Colle en bâton

Utilisée pour coller le kirigami sur un autre papier. Éviter la colle en tube qui fait gondoler les feuilles. Préférer la colle en bâton.

Matériel facultatif

Poinçon

Dans cet ouvrage, tous les trous sont réalisés au cutter mais en cas de difficulté, ne pas hésiter à se munir d'un poinçon pour réaliser facilement des trous nets. Il existe par ailleurs des pointes de différents diamètres.

Placer une petite planche de bois solide sous la feuille, puis appuyer perpendiculairement en faisant tourner.

Papier

Pour la plupart des réalisations de ce livre, j'ai utilisé du papier origami 15 x 15 cm. On peut cependant s'amuser à réaliser les modèles dans différents types de papier et comparer ensuite les rendus !

15 x 15 cm

7,5 x 7,5 cm

Papier origami

Le papier origami mesure en général 15 cm de côté. Choisir du papier de 7,5 x 7,5 cm pour réaliser les petits kirigami. C'est le papier idéal car, étant fin, il reste facile à découper, même après plusieurs pliages.

Papier à dessin coloré

On l'utilise par exemple dans la réalisation des mobiles. Prendre en compte l'épaisseur du papier qui devient difficile à découper lorsqu'il a été plié plusieurs fois.

Papier origami bicolore

À privilégier dans les modèles en 3D et les réalisations qui révèlent l'endroit et l'envers de la feuille.

Papier origami métallisé

Papier origami reflétant la lumière.

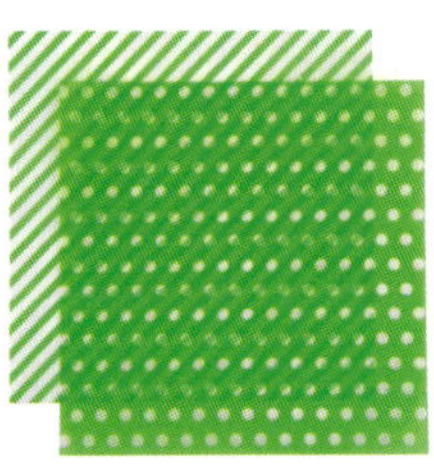

Papier calque à motifs

Papier origami transparent avec des motifs imprimés.

9 x 22,5 cm 9 x 20,5 cm

Enveloppes

En utilisant habilement les bordures, on obtient des modèles circulaires, que l'on peut faire tenir debout.

Bases du kirigami P. 19-91

* Pliage…Triangle plié en 8
* Fournitures…Papier origami 15 x 15 cm (rose orangé)

Fleur

Leçon 1 Plier.

1. La couleur placée à l'intérieur, plier en 2 pour former un triangle.

2. Plier de nouveau en 2.

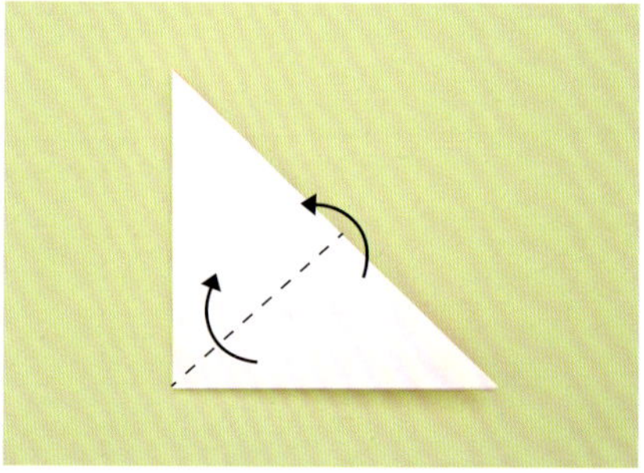

3. Plier en 2 l'épaisseur du dessus, puis procéder de même pour le dessous.

4. Voici un triangle plié en 8 (pour plus de détails, se reporter à la page 43).

Leçon 2 Reproduire un gabarit.

Utiliser une photocopie.

Photocopier le gabarit, puis agrafer solidement le haut du pliage. Veiller à agrafer à l'extérieur du motif. Je vous conseille cette méthode qui, en plus d'être simple, permet de ne pas salir le papier origami ou le papier à dessin utilisé dans la réalisation.

Utiliser une feuille de papier calque.

Reporter le modèle sur la feuille de papier calque au crayon à papier. Puis, agrafer solidement le haut du pliage, à l'extérieur du motif.

Leçon 3 Découper.

1.

Commencer par découper l'intérieur du motif. Maintenir fermement avec l'autre main afin d'éviter que les feuilles se décalent.

2.

Résultat.

3.

Prendre la feuille en main et découper l'extérieur du motif.

4.

Résultat.

Leçon 4 Déplier.

Les parties fraîchement découpées sont encore enchevêtrées les unes dans les autres. Ouvrir délicatement pour éviter de déchirer la feuille. Lisser les plis au fur et à mesure (pour plus de détails, se reporter à la page 48).

Résultat final !

Gabarit en taille réelle

= partie à retirer

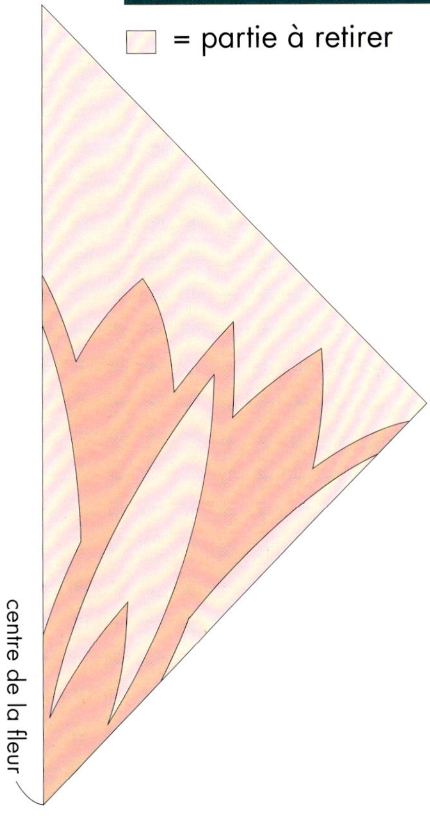

Plier.

Je vous présente ici les plis de base utilisés dans cet ouvrage.
En utilisant les patrons du pliage en triangle (page 43) et du carré plié en 3 (page 45), les angles et les largeurs habituellement difficiles à plier en une fois ne sont plus un problème !

Solfège du plieur

Les 2 types de pli sont indiqués par les symboles suivants :

pli vallée

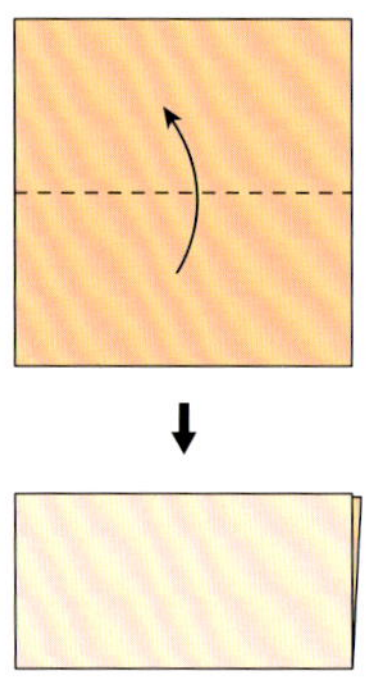

pli montagne

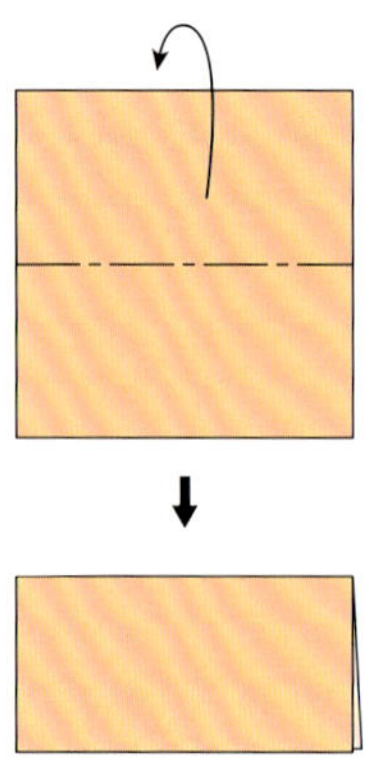

Carré plié en 2

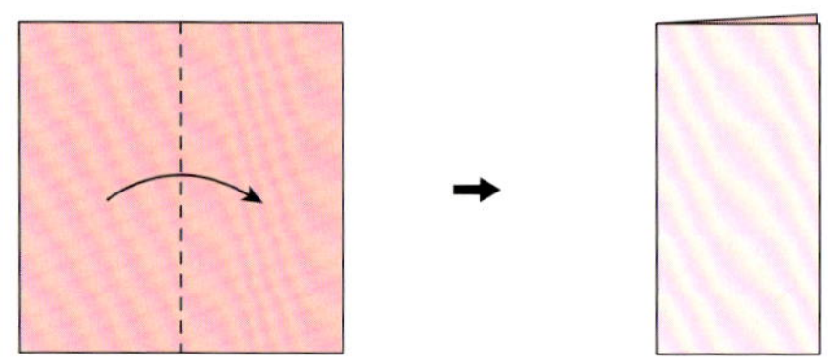

1. L'endroit tourné vers soi, plier la feuille en 2, de gauche à droite.

2. Résultat.

Carré plié en 4

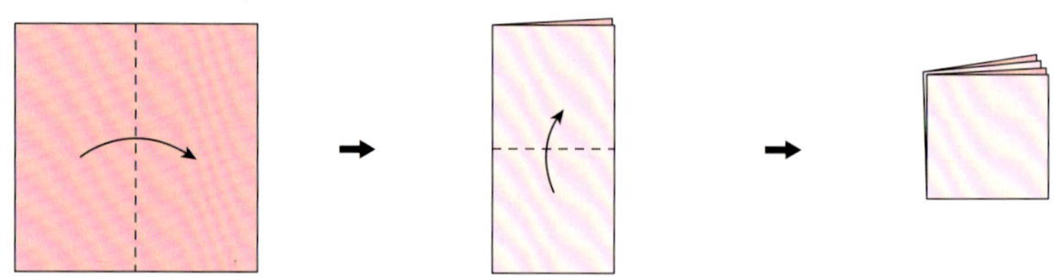

1. L'endroit tourné vers soi, plier la feuille en 2, de gauche à droite.

2. Plier de nouveau en 2, de bas en haut.

3. Résultat.

Triangle plié en 6

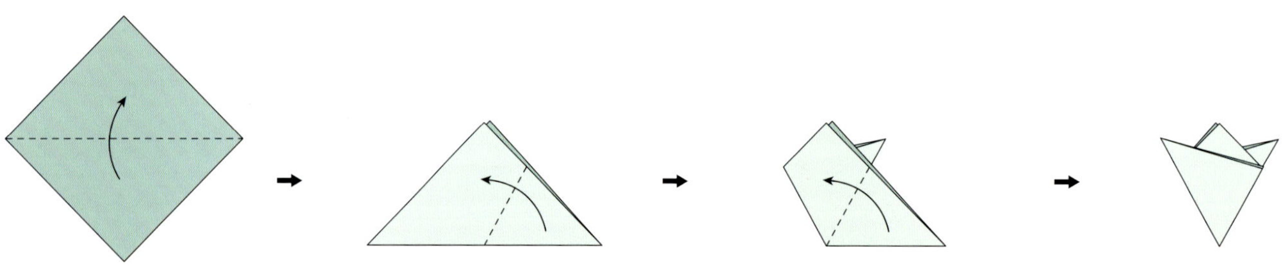

1. L'endroit tourné vers soi, plier la feuille en 2 en suivant la diagonale. On obtient un triangle.

2. En s'aidant du patron page 43, plier l'extrémité droite à 60°.

3. Retourner. Plier l'extrémité droite le long du pli réalisé en 2.

4. Résultat.

Triangle plié en 8

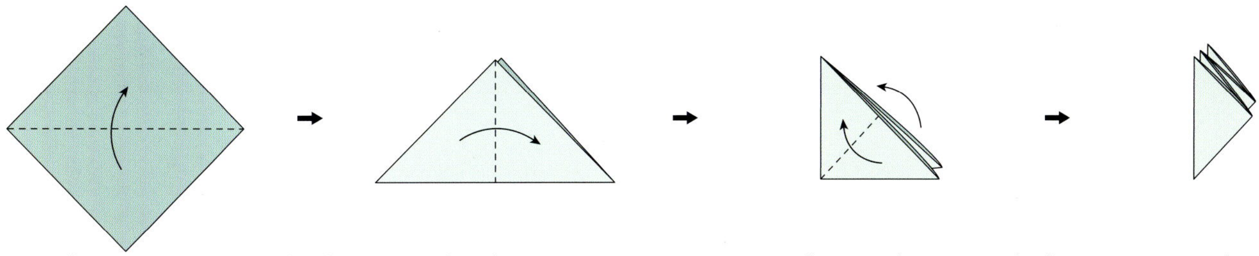

1. L'endroit tourné vers soi, plier la feuille en 2 suivant la diagonale. On obtient un triangle.
2. Plier de nouveau en 2.
3. Plier en 2 l'épaisseur du dessus, puis procéder de même pour le dessous.
4. Résultat.

Patron du triangle plié en 6

À utiliser avec une feuille 15 x 15 cm ou 7,5 x 7,5 cm.

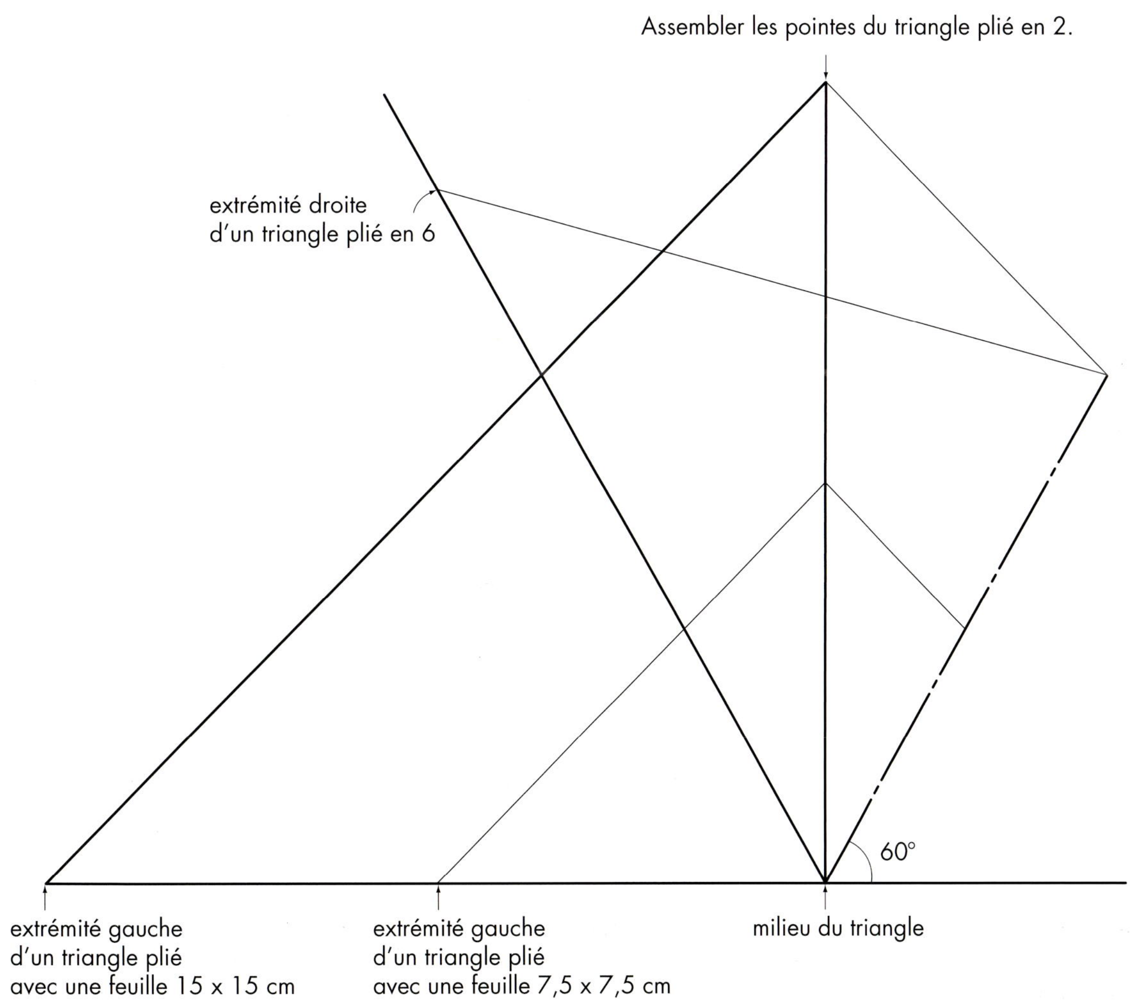

Accordéon à 4 plis

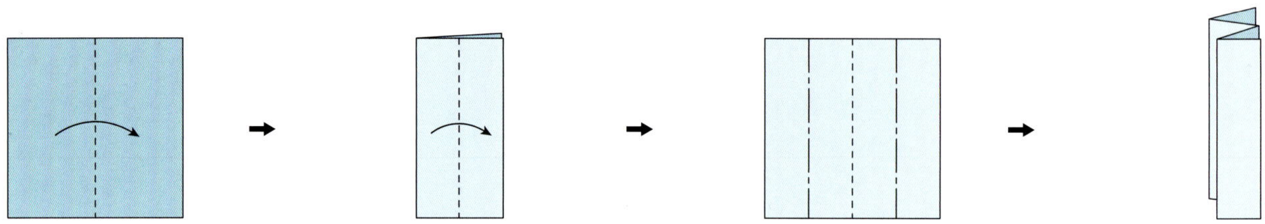

1. L'endroit tourné vers soi, plier la feuille en 2, de gauche à droite.
2. Plier de nouveau en 2, de gauche à droite.
3. Déplier. La feuille est marquée à 3 endroits.
4. Réaliser 1 pli montagne, 1 pli vallée, puis à nouveau 1 pli montagne.

Accordéon à 6 plis

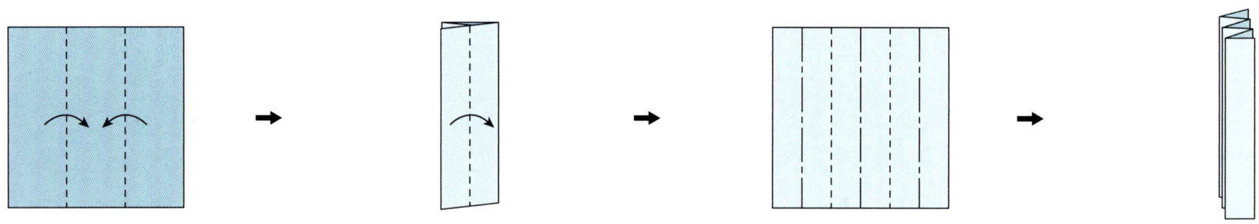

1. L'endroit tourné vers soi, s'aider du patron d'un carré plié en 3 page 45 pour réaliser 2 plis vallée avec chaque côté.
2. Plier de nouveau en 2, de gauche à droite.
3. Déplier. La feuille est marquée à 5 endroits.
4. Réaliser 1 pli montagne, puis 1 pli vallée. Continuer ainsi de suite.

Accordéon à 8 plis

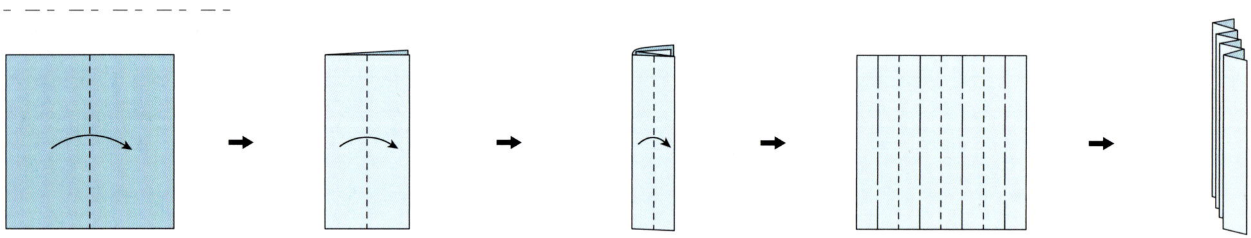

1. L'endroit tourné vers soi, plier la feuille en 2, de gauche à droite.
2. Plier de nouveau en 2, de gauche à droite.
3. Répéter 1 fois.
4. Déplier. La feuille est marquée à 7 endroits.
5. Réaliser 1 pli montagne, puis 1 pli vallée. Continuer ainsi de suite.

Patron d'un carré plié en 3

À utiliser pour diviser en 3 une feuille de 15 x 15 cm.

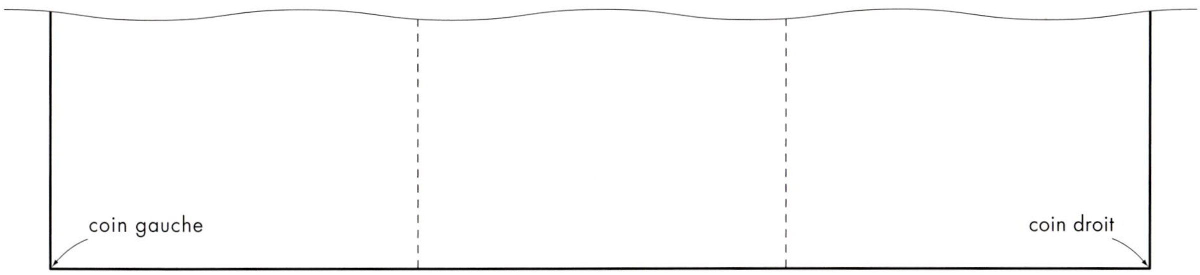

Avant de plier une enveloppe

Couper la partie rigide du fond, puis découper aux dimensions indiquées.

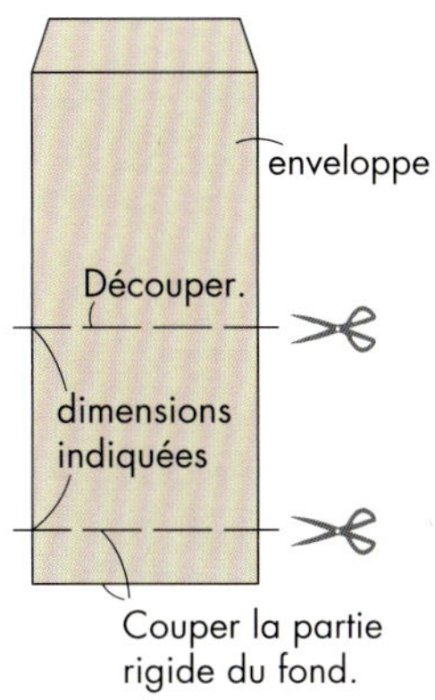

Carré plié en 2 (enveloppe)

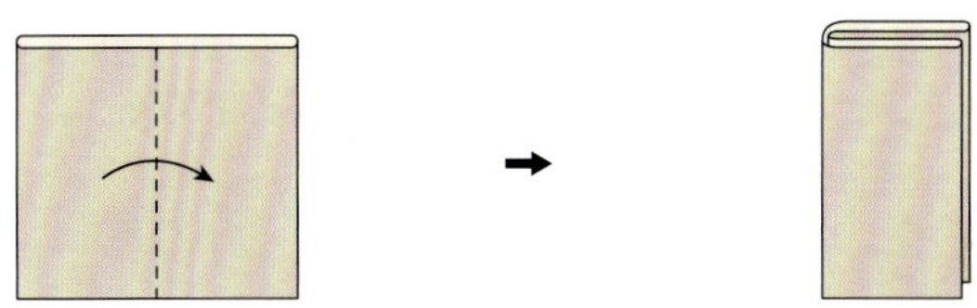

1. Plier l'enveloppe en 2, de gauche à droite.

2. Résultat.

Accordéon à 3 plis (enveloppe)

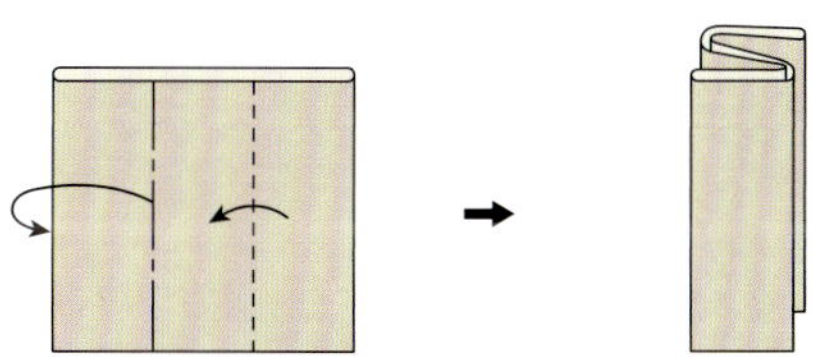

1. En s'aidant du patron ci-contre, réaliser 1 pli vallée, puis 1 pli montagne. Partir de la droite.

2. Résultat.

Patron d'une enveloppe pliée en 3 (largeur : 9 cm)

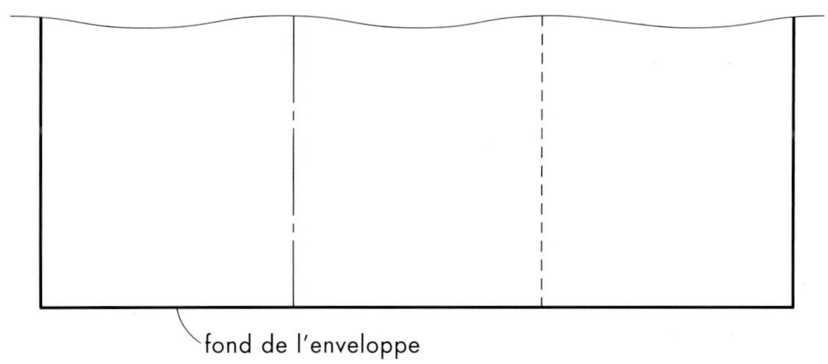

Accordéon à 4 plis (enveloppe)

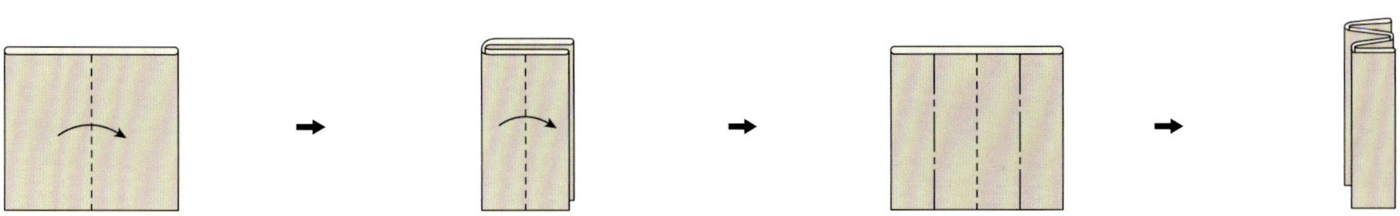

1. Plier l'enveloppe en 2, de gauche à droite.

2. Plier de nouveau en 2, de gauche à droite.

3. Déplier. L'enveloppe est marquée à 3 endroits.

4. Réaliser 1 pli montagne, 1 pli vallée, puis à nouveau 1 pli montagne.

how to kirigami

Reproduire un gabarit.

Voici les points à surveiller lorsqu'on reporte un gabarit.

Reproduire le gabarit au bon emplacement.

Dans le cas du triangle plié en 6, les feuilles ne se superposent pas toutes. Si l'on reporte le motif au-delà de la partie concernée, il peut se retrouver coupé. Ainsi, toujours reproduire le gabarit à l'intérieur de la partie grisée ▢.

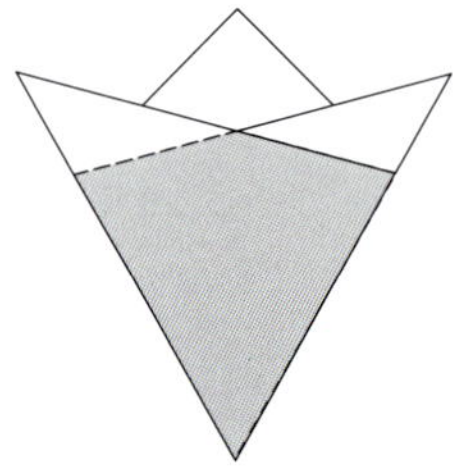

triangle plié en 6

Placer les plis du bon côté.

Dans le cas de l'accordéon, si l'on reproduit le gabarit les plis placés dans le mauvais sens, on obtient une guirlande différente du résultat escompté.

O

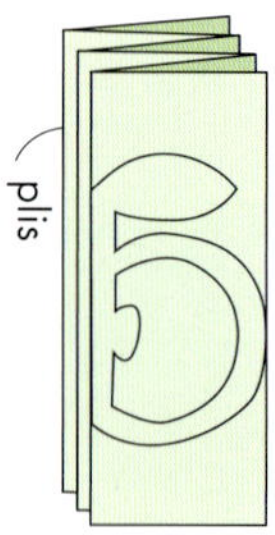

→

Les pommes s'enchaînent harmonieusement.

×

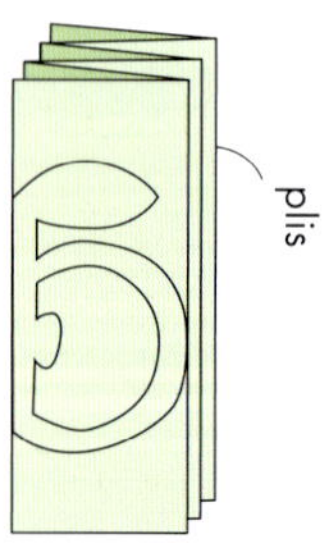

→

Les pommes des extrémités sont coupées en 2.

Réaliser un arrondi parfait.

Pour les motifs comportant une courbe au sommet, placer le tracé parfaitement contre le pli. On obtient alors une belle courbe sans bosse.

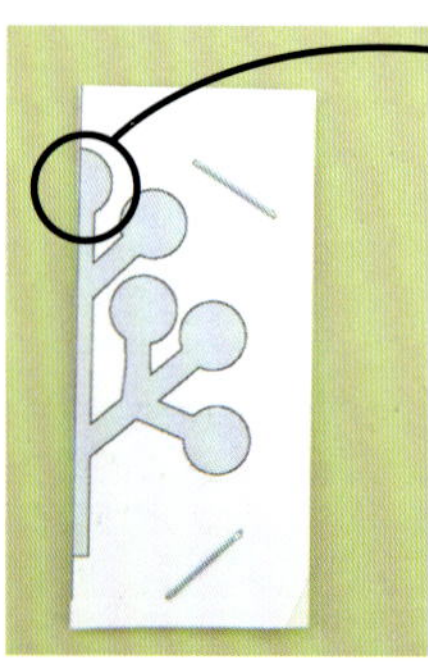

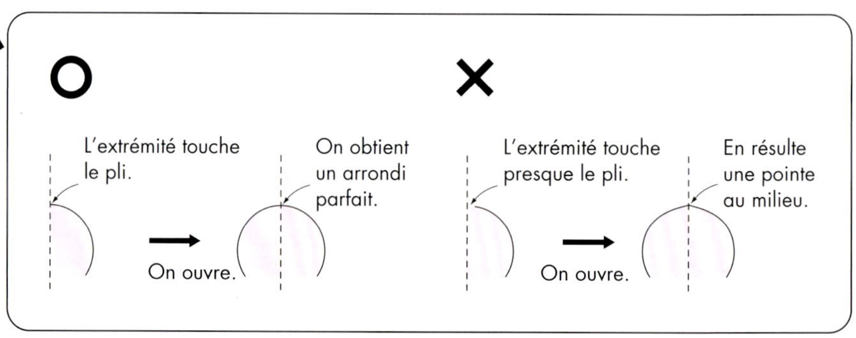

how to kirigami

Découper.

Voici quelques conseils pour réussir le découpage !

Manier habilement ciseaux et cutter.

Ciseaux

Découper en déplaçant la feuille.

O

Découper en déplaçant la feuille, les ciseaux toujours tournés vers l'extérieur.

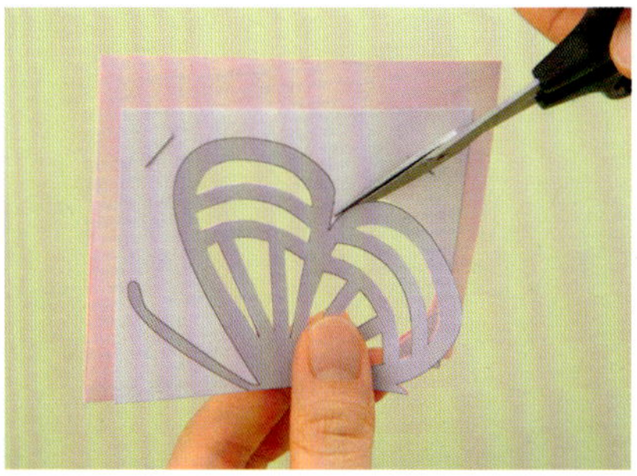

X

La feuille reste immobile et les ciseaux doivent compenser.
Le résultat n'est pas net.

Découper avec l'intérieur des lames.

O

Découper avec l'intérieur des lames.
Les ciseaux glissent tout seuls et l'on a un rendu propre.

X

On a peu de prise lorsqu'on travaille avec la pointe de ciseaux classiques.
Il devient alors difficile d'obtenir un contour net.

Cutter

Veiller à ce que la lame ne penche pas.

O

Placer la lame perpendiculairement à la plaque de coupe.
On obtient une découpe nette.

X

Lorsque la lame penche, la découpe n'est pas nette et la lame risque de se briser.

Astuces pour découper proprement des angles aigus

Aux ciseaux

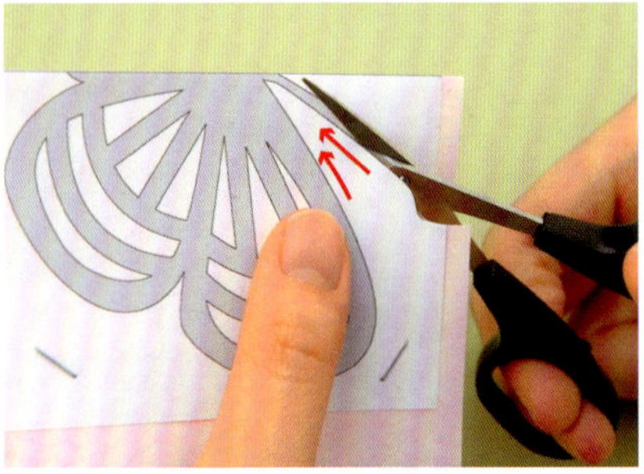

Découper en 2 fois : avancer les ciseaux jusqu'au sommet de l'angle, puis retirer et changer d'angle d'attaque.

Au cutter

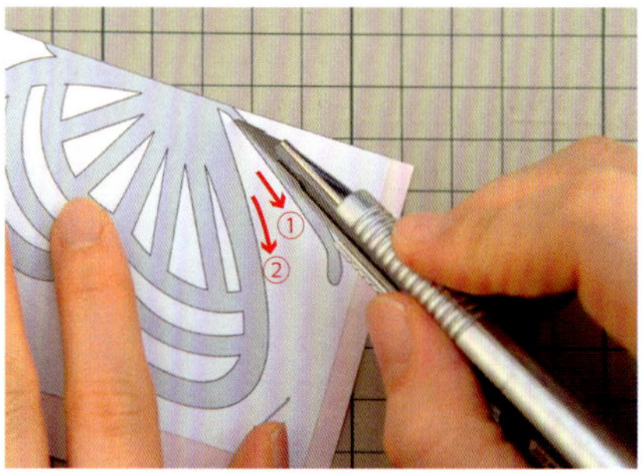

Partir du sommet de l'angle et inciser en 2 temps : ①, puis ②. Toujours placer toujours la lame perpendiculairement à la plaque de coupe.

how to kirigami Déplier.

Déplier soigneusement en lissant les plis.

1.

Déplier en lissant au fur et à mesure.

2.

Retourner les plis vallée en plis montagne.

3.

Les parties fraîchement découpées sont encore enchevêtrées les unes dans les autres. Déplier délicatement.

4.

Lorsque la feuille est complètement dépliée, continuer à lisser doucement les plis avec un outil à bout rond. On obtient alors un beau résultat.

how to kirigami

Réalisation des modèles

※Gabarit { ▒ =motif / □ =partie à retirer

※Pour le pliage, se reporter aux pages 42 à 45. ※Tous les gabarits sont en taille réelle.

p.2-1 Lapin

＊Pliage...Accordéon à 8 plis
＊Fournitures...1 feuille de papier origami 15 x 15 cm (bleu ciel)

p.2-2 Écureuil

＊Pliage...Accordéon à 4 plis
＊Fournitures...1 feuille de papier origami 15 x 15 cm (marron)

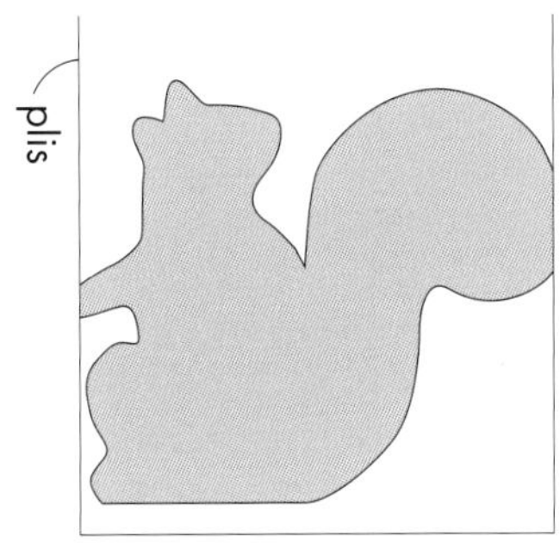

p.2-3 Renard

＊Pliage...Accordéon à 4 plis
＊Fournitures...1 feuille de papier origami 15 x 15 cm (jaune)

p.2-4 Faon

＊Pliage...Accordéon à 4 plis
＊Fournitures...1 feuille de papier origami 15 x 15 cm (rose)

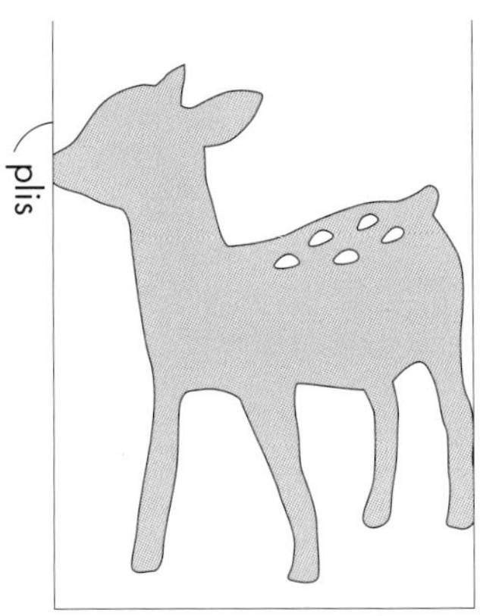

p.2-5 Ours

＊Pliage...Accordéon à 4 plis
＊Fournitures...1 feuille de papier origami 15 x 15 cm (marron foncé)

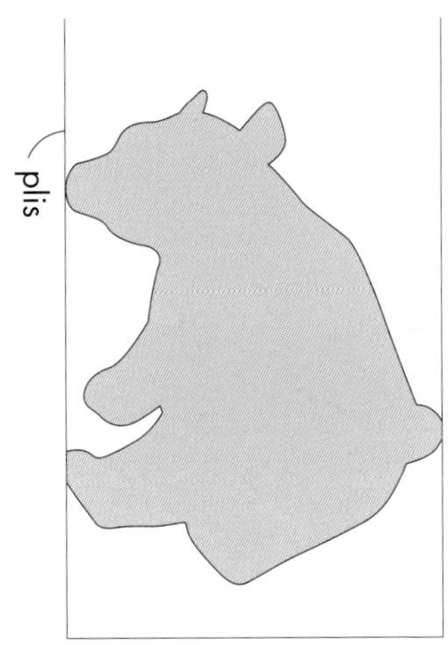

p.2-6 Fruits sauvages

＊Pliage...Carré plié en 2
＊Fournitures...Papier origami 7,5 x 7,5 cm (vert, bleu, rouge) 1 feuille de chaque

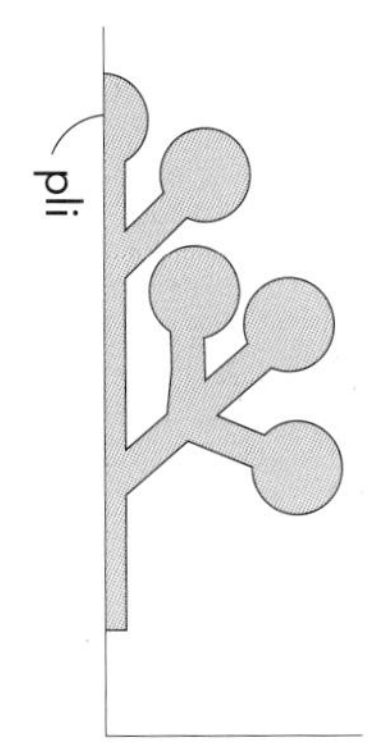

P.3-7 Taupe

*Pliage...Accordéon à 4 plis
*Fournitures...1 feuille de papier origami 15 x 15 cm (prune)

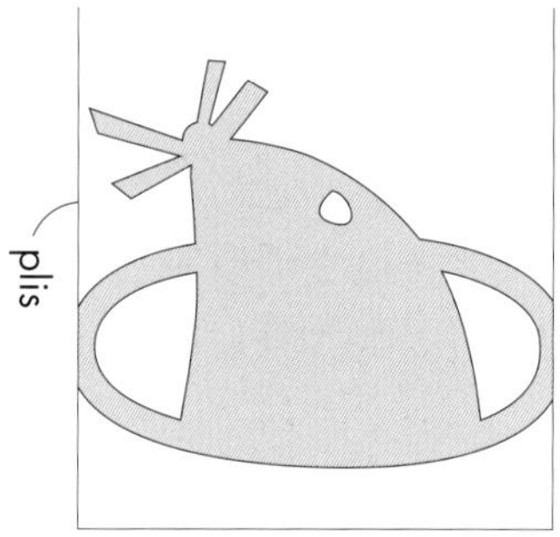

P.3-8 Écureuil

*Pliage...Accordéon à 4 plis
*Fournitures...1 feuille de papier origami 15 x 15 cm (rouge foncé)

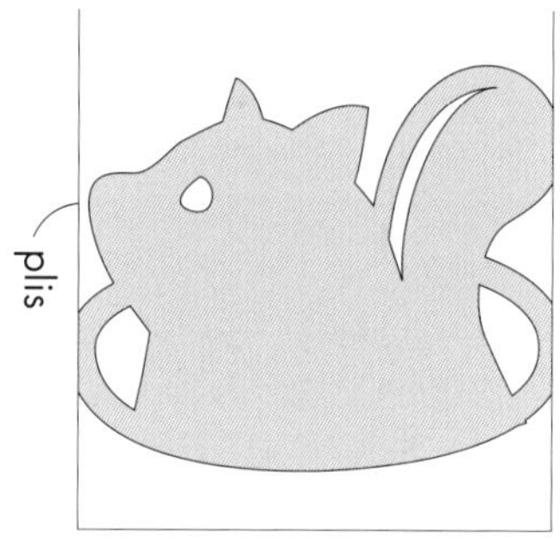

P.3-9 Souris

*Pliage...Accordéon à 4 plis
*Fournitures...1 feuille de papier origami 15 x 15 cm (gris)

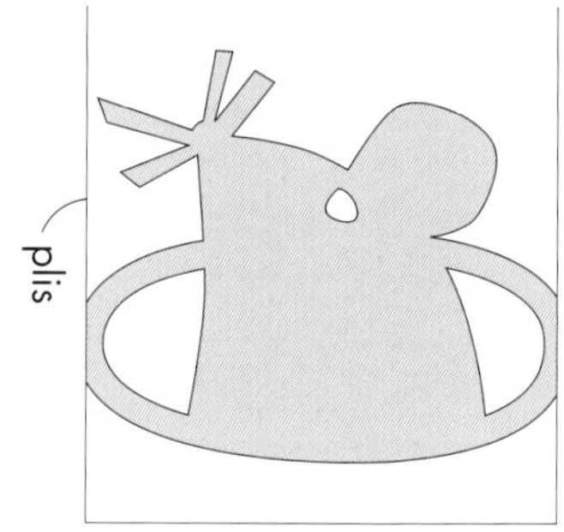

P.3-10 Plante grimpante

*Pliage...Accordéon à 6 plis
*Fournitures...1 feuille de papier origami 15 x 15 cm (vert)

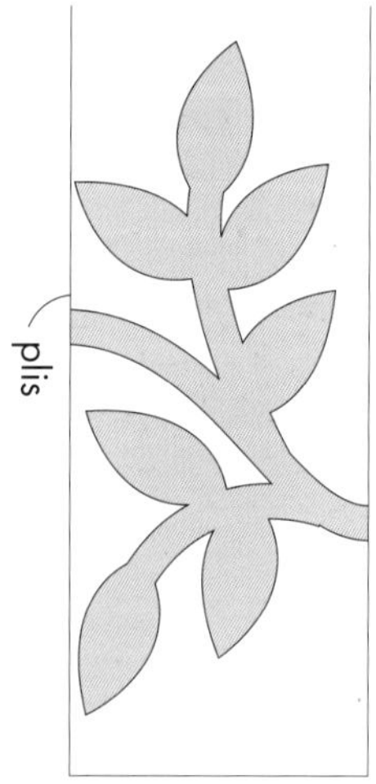

P.3-11 Lapin

*Pliage...Triangle plié en 8
*Fournitures...1 feuille de papier origami 15 x 15 cm (blanc)

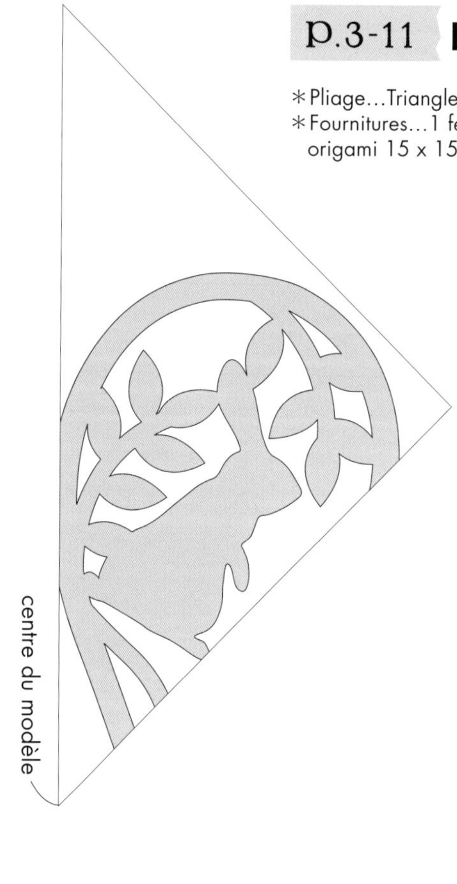

p.4-13 Girafe

*Pliage...Carré plié en 2
*Fournitures...1 feuille de papier origami 15 x 15 cm (jaune)

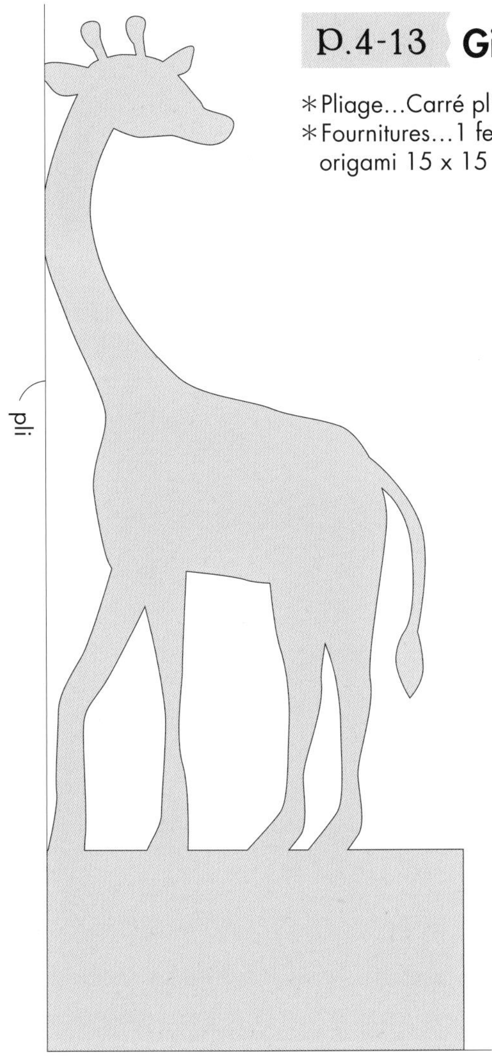

p.4-14 Kangourou

*Pliage...Accordéon à 4 plis
*Fournitures...1 feuille de papier origami 15 x 15 cm (marron)

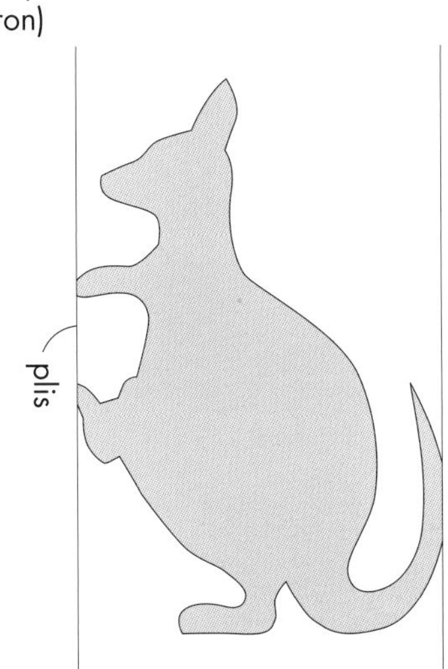

p.4-12 Éléphant

*Pliage...Triangle plié en 8
*Fournitures...1 feuille de papier origami 15 x 15 cm (bleu ciel)

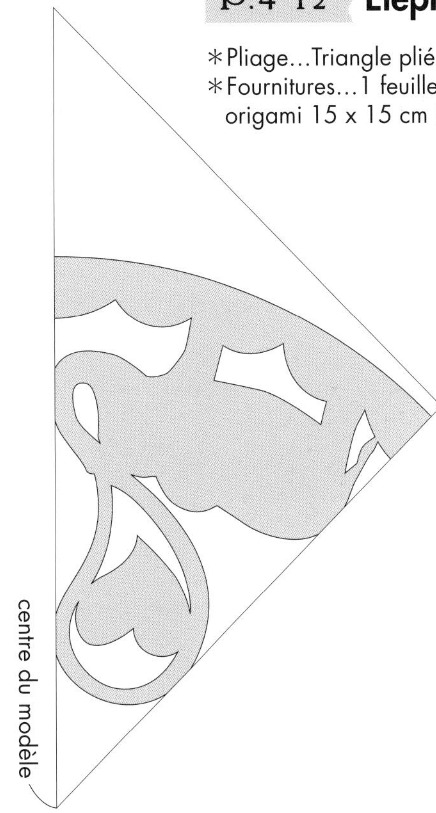

p.4-15 Cheval

*Pliage...Triangle plié en 8
*Fournitures...1 feuille de papier origami 15 x 15 cm (rose)

p.5-16 Panda

*Pliage...Accordéon à 4 plis
*Fournitures...1 feuille de papier origami 15 x 15 cm (noir)

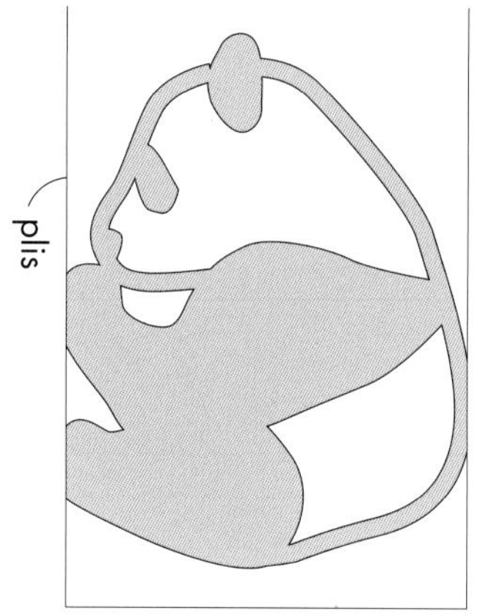

p.5-18 Mouton

*Pliage...Carré plié en 2
*Fournitures...1 feuille de papier origami 15 x 15 cm (noir)

p.5-17 Couronne de fleurs

*Pliage...Triangle plié en 6
*Fournitures...Papier origami 7,5 x 7,5 cm (bleu-vert, vert-jaune) 1 feuille de chaque

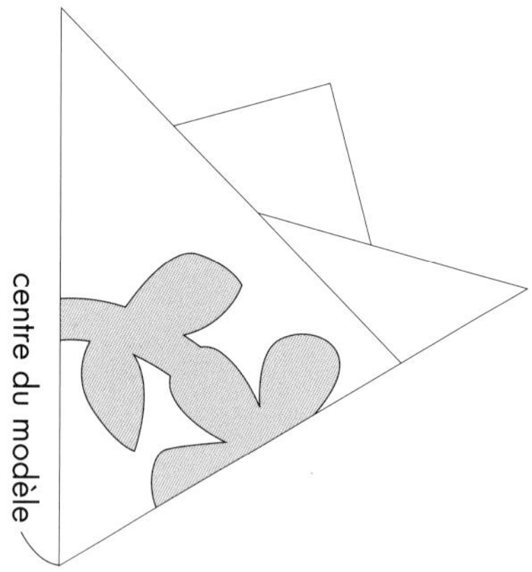

p.5-19 Cane et ses canetons

*Pliage...Carré plié en 2
*Fournitures...1 feuille de papier origami 15 x 15 cm (rouge)

p.5-20 Chèvre

*Pliage...Carré plié en 2
*Fournitures...1 feuille de papier origami 15 x 15 cm (gris)

P.5-21 Âne

*Pliage...Carré plié en 2
*Fournitures...1 feuille de papier origami 15 x 15 cm (jaune doré)

P.6-22 Colibri

*Pliage...Carré plié en 2
*Fournitures...1 feuille de papier origami 15 x 15 cm (orange)

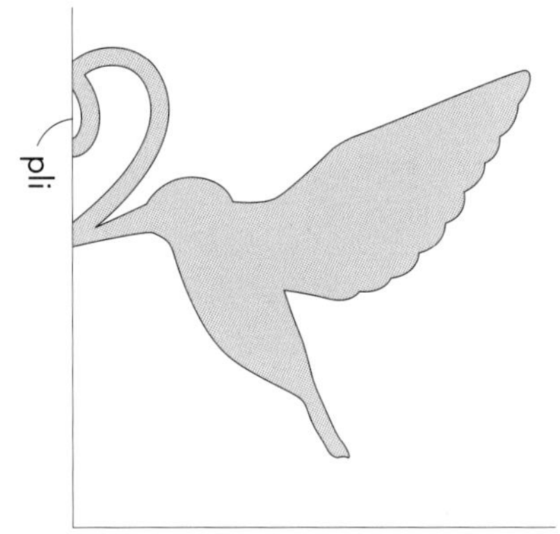

P.6-23 Cygne

*Pliage...Accordéon à 4 plis
*Fournitures...1 feuille de papier origami 15 x 15 cm (rose clair)

P.6-24 Paon

*Pliage...Accordéon à 4 plis
*Fournitures...1 feuille de papier origami 15 x 15 cm (violet)

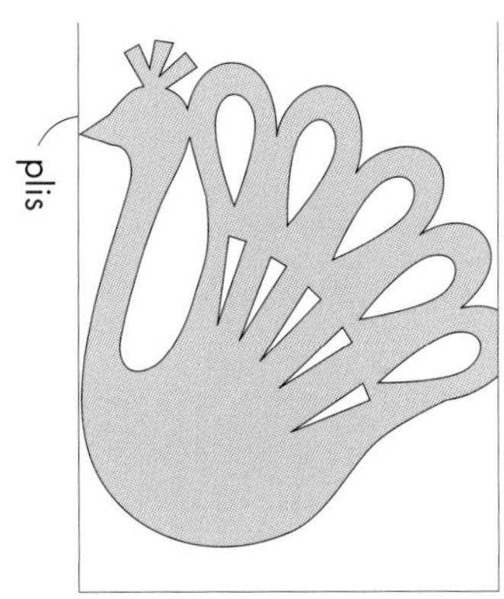

P.6-25 Flamant rose

*Pliage...Accordéon à 4 plis
*Fournitures...1 feuille de papier origami 15 x 15 cm (rose foncé)

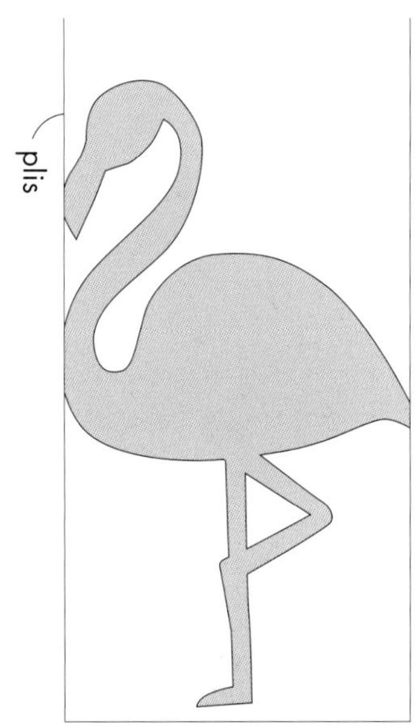

P.6-26 Hibou

∗Pliage...Accordéon à 4 plis
∗Fournitures...1 feuille de papier origami 15 x 15 cm (marron)

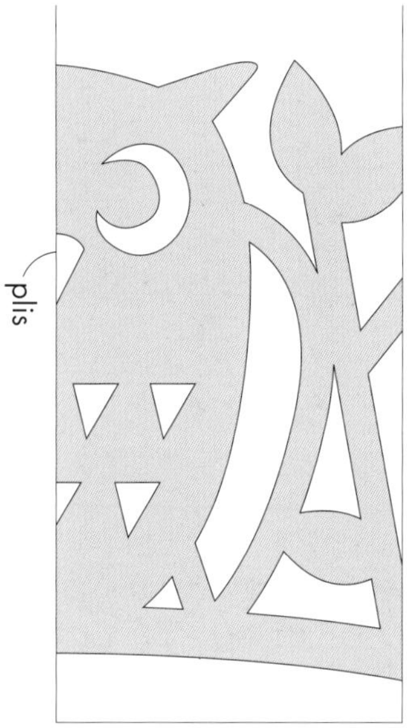

P.7-27 Colombe

∗Pliage...Triangle plié en 8
∗Fournitures...1 feuille de papier origami 15 x 15 cm (bleu ciel)

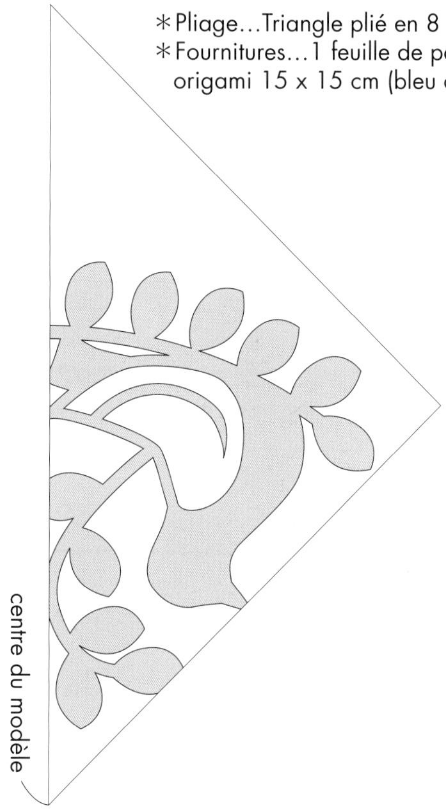

P.7-28 Oiseaux motif cœur

∗Pliage...Triangle plié en 8
∗Fournitures...1 feuille de papier origami 15 x 15 cm (rose clair)

P.7-29 Pic

∗Pliage...Triangle plié en 8
∗Fournitures...1 feuille de papier origami 15 x 15 cm (bleu)

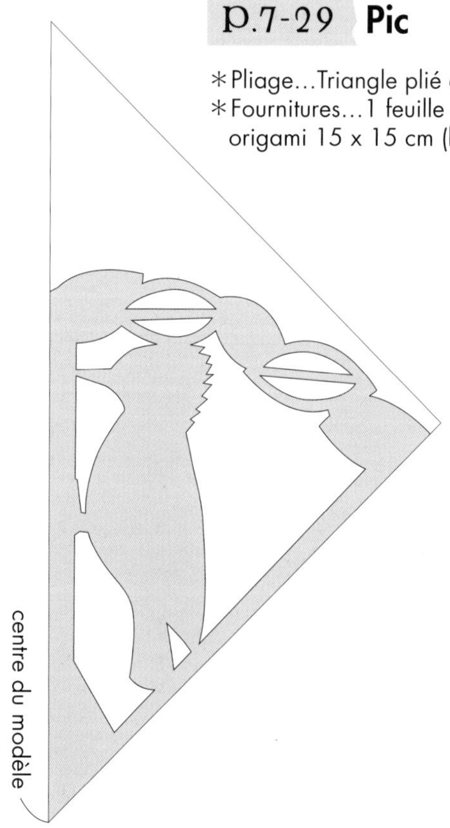

P.8-30 Abeille

* Pliage...Triangle plié en 8
* Fournitures...1 feuille de papier origami 15 x 15 cm (jaune)

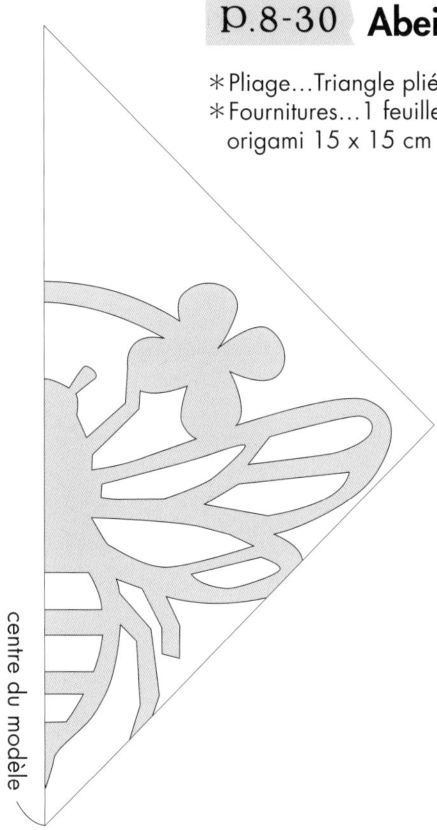

P.8-31 Libellule

* Pliage...Triangle plié en 8
* Fournitures...1 feuille de papier origami 15 x 15 cm (orange)

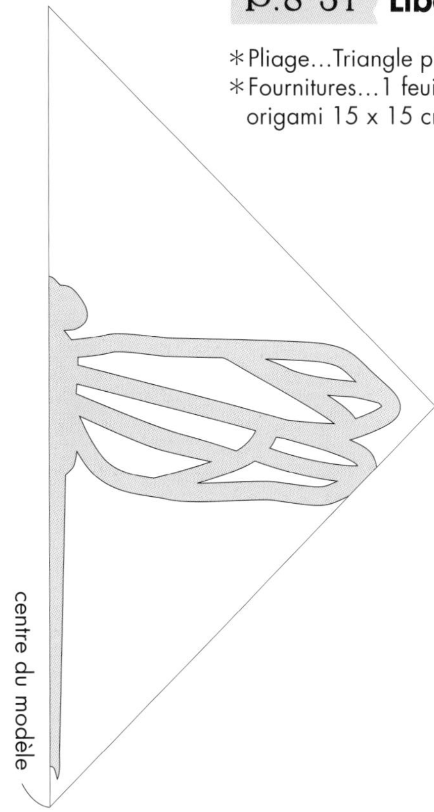

P.8-32 Cigale

* Pliage...Accordéon à 8 plis
* Fournitures...1 feuille de papier origami 15 x 15 cm (jaune doré)

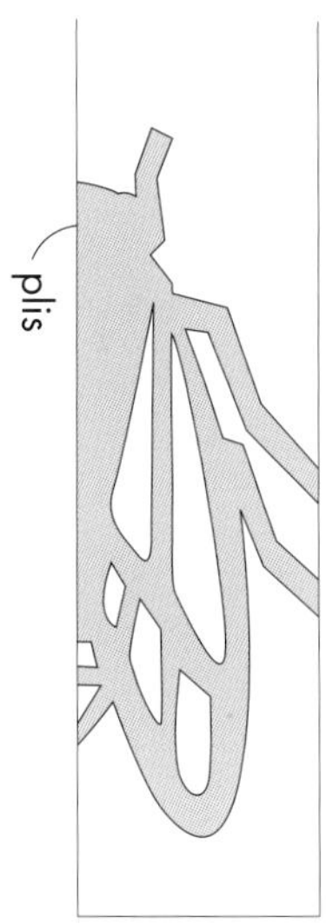

P.8-33 Lucane

* Pliage...Accordéon à 8 plis
* Fournitures...1 feuille de papier origami 15 x 15 cm (brun)

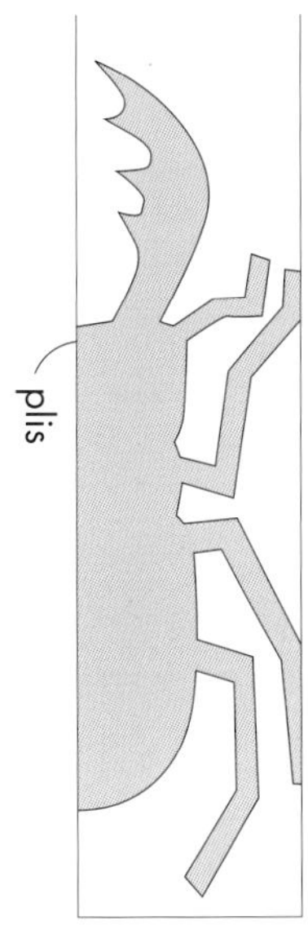

P.8-34 Scarabée-rhinocéros

* Pliage...Accordéon à 8 plis
* Fournitures...1 feuille de papier origami 15 x 15 cm (noir)

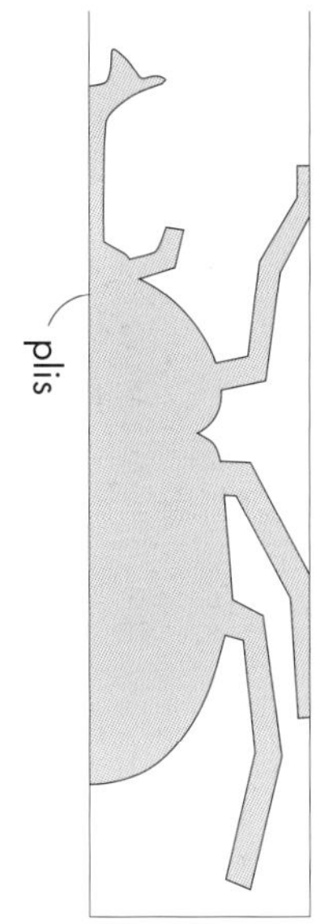

P.9-35 Papillon

*Pliage...Carré plié en 2
*Fournitures...1 feuille de papier origami 15 x 15 cm (bordeaux)

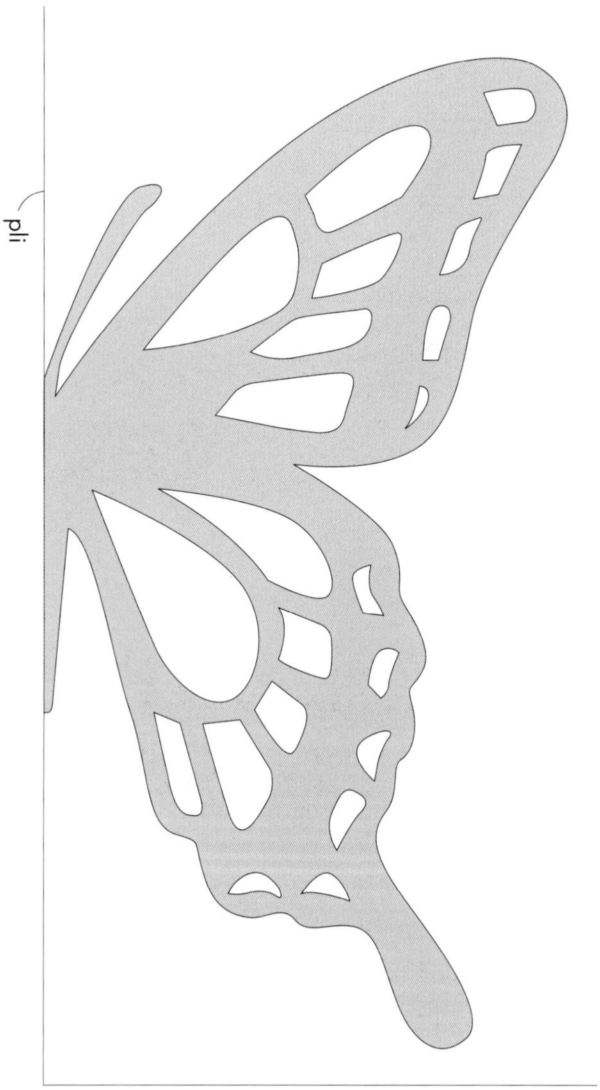

P.9-36 Papillon

*Pliage...Carré plié en 2
*Fournitures...1 feuille de papier origami 15 x 15 cm (jaune doré)

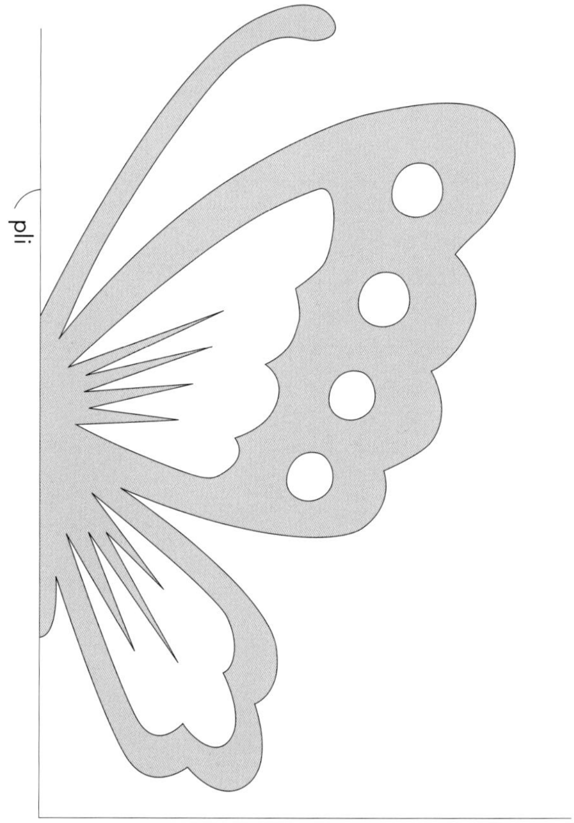

P.9-37 Papillon

*Pliage...Carré plié en 2
*Fournitures...1 feuille de papier origami 15 x 15 cm (vert mousse)

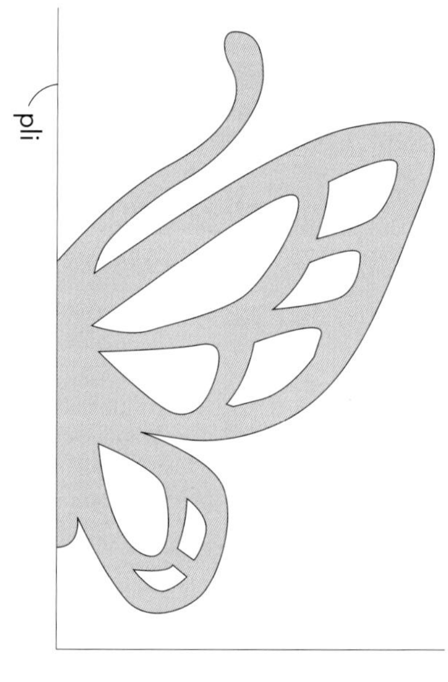

P.9-38 Papillon

*Pliage...Carré plié en 2
*Fournitures...1 feuille de papier origami 15 x 15 cm (rose foncé)

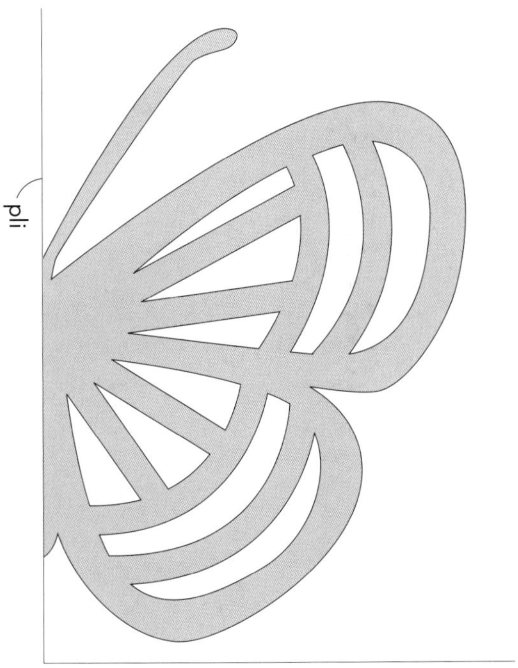

P.9-39 Papillon

*Pliage...Carré plié en 2
*Fournitures...1 feuille de papier origami 15 x 15 cm (rose clair)

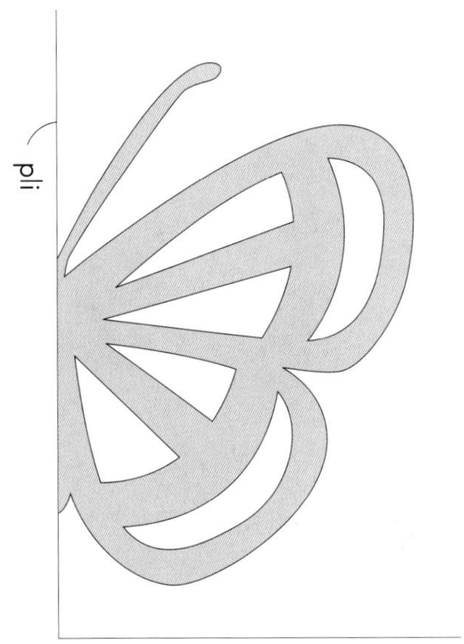

P.10-40 Hirondelle

*Pliage...Accordéon à 4 plis
*Fournitures...1 feuille de papier origami 15 x 15 cm (bleu marine)

P.10-41 Papillon et ruban

*Pliage...Triangle plié en 8
*Fournitures...1 feuille de papier origami 15 x 15 cm (rose)

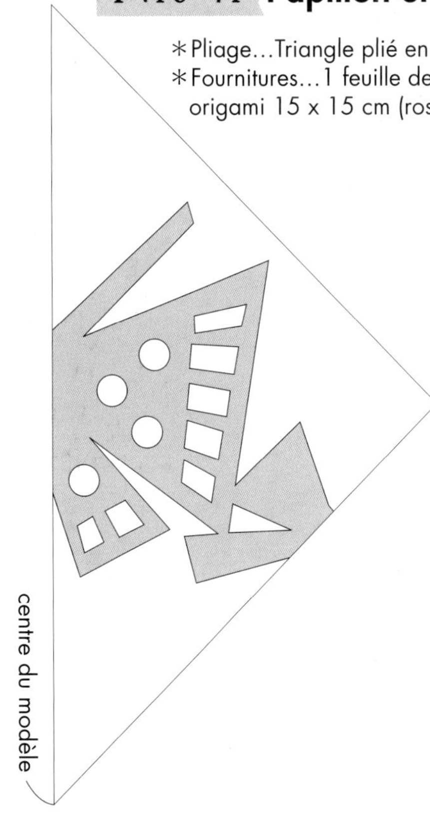

P.10-42 Pissenlit

∗Pliage...Triangle plié en 8
∗Fournitures...1 feuille de papier origami 15 x 15 cm (jaune)

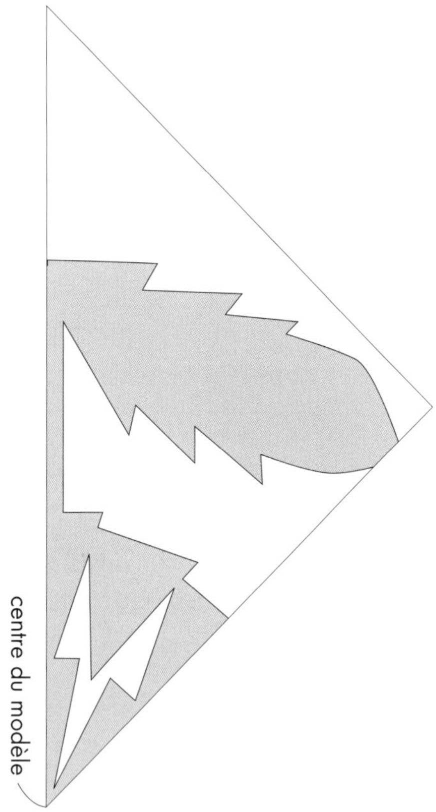

P.10-43 Iris

∗Pliage...Accordéon à 8 plis
∗Fournitures...1 feuille de papier origami 15 x 15 cm (violet)

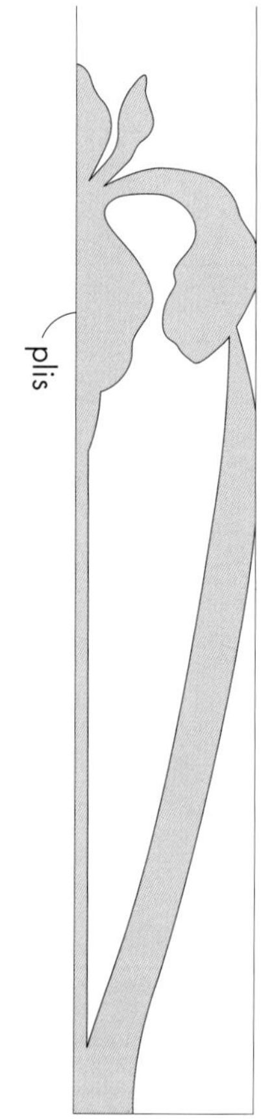

P.10-44 Fraise

∗Pliage...Accordéon à 8 plis
∗Fournitures...1 feuille de papier origami 15 x 15 cm (rouge)

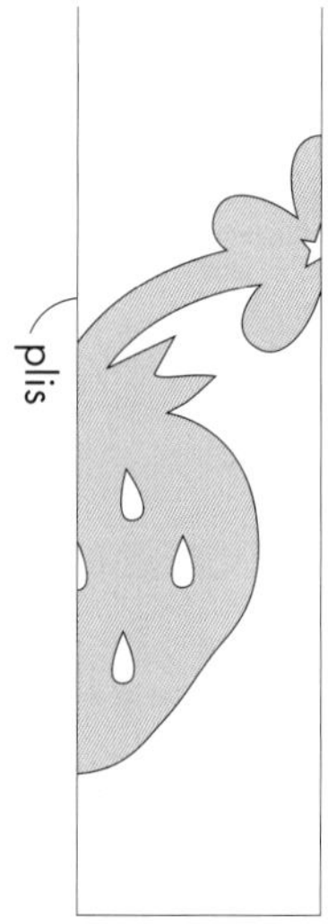

P.10-45 Chapeau

∗Pliage...Accordéon à 4 plis
∗Fournitures...1 feuille de papier origami 15 x 15 cm (jaune doré)

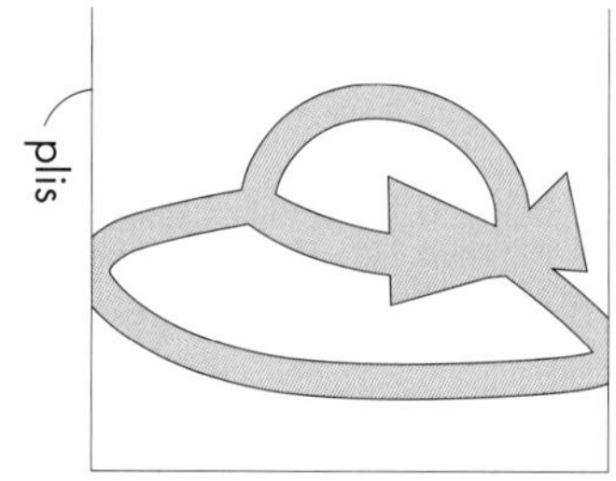

P.11-46 Renoncule

*Pliage...Triangle plié en 6
*Fournitures...Papier origami 15 x 15 cm (rose, rose clair, violet clair) 1 feuille de chaque

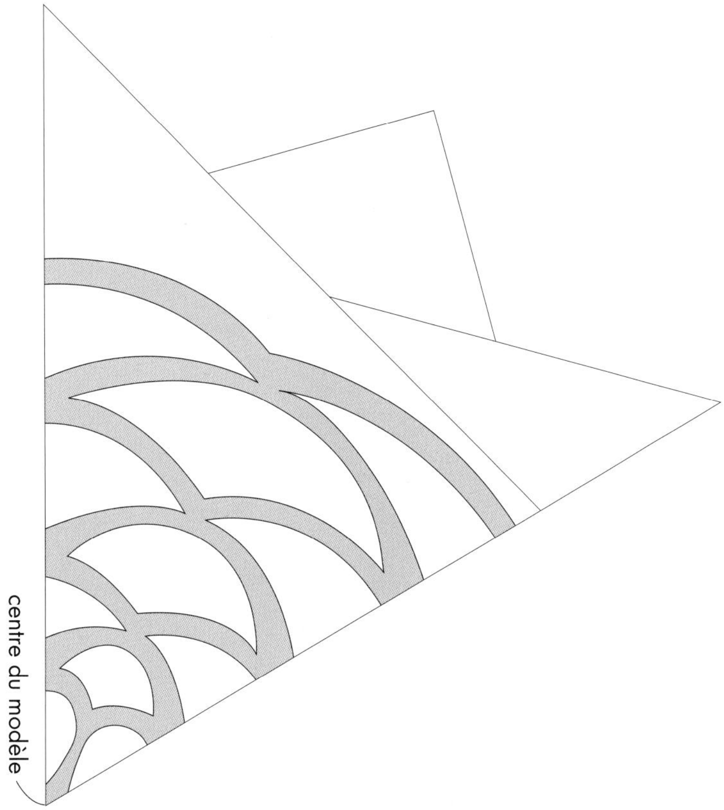

P.11-47 Papillon

*Pliage...Carré plié en 2
*Fournitures...Papier origami 7,5 x 7,5 cm (orange, jaune, vermillon) 1 feuille de chaque

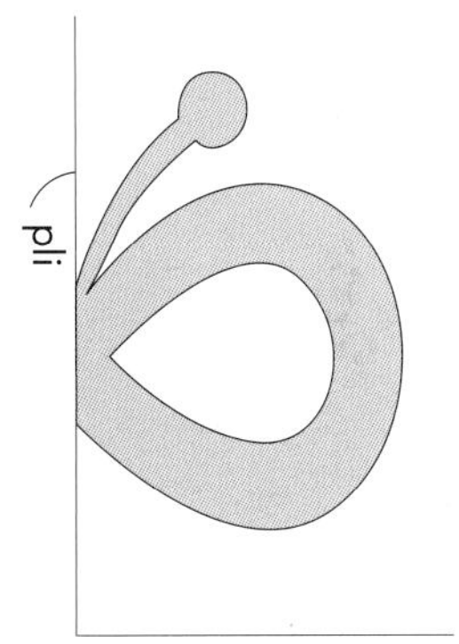

P.11-48 Trèfle à 4 feuilles

*Pliage...Triangle plié en 8
*Fournitures...Papier origami 7,5 x 7,5 cm (vert-jaune, vert menthe, vert) 1 feuille de chaque

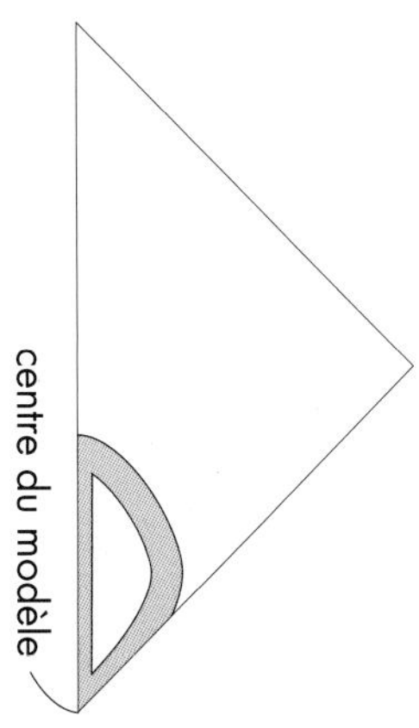

P.12-49 Granité

*Pliage...Accordéon à 8 plis
*Fournitures...1 feuille de papier origami 15 x 15 cm (rouge)

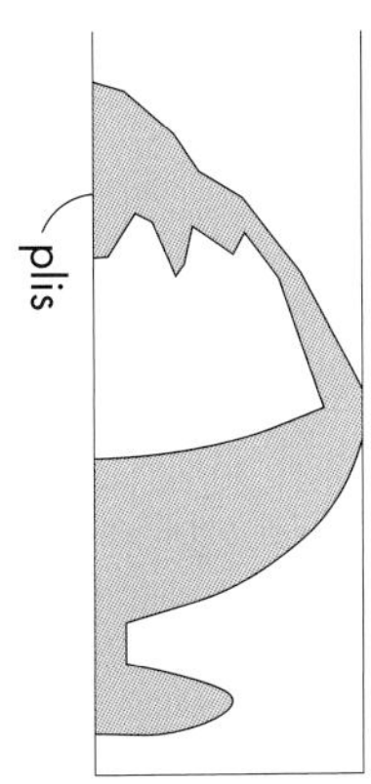

P.12-50 Tong

*Pliage...Accordéon à 8 plis
*Fournitures...1 feuille de papier origami 15 x 15 cm (jaune)

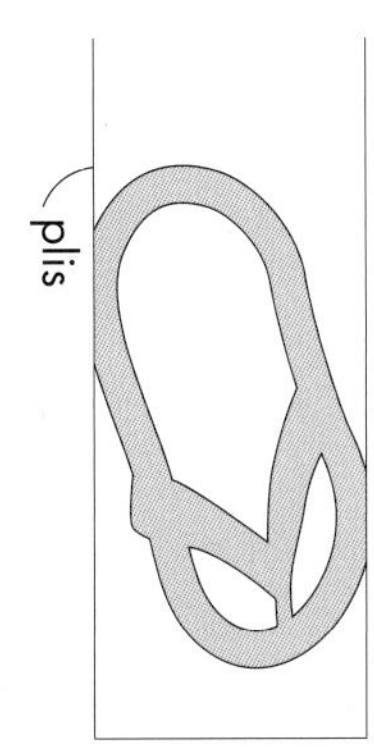

p.12-51 Crabe

*Pliage...Accordéon à 8 plis
*Fournitures...1 feuille de papier origami 15 x 15 cm (rouge)

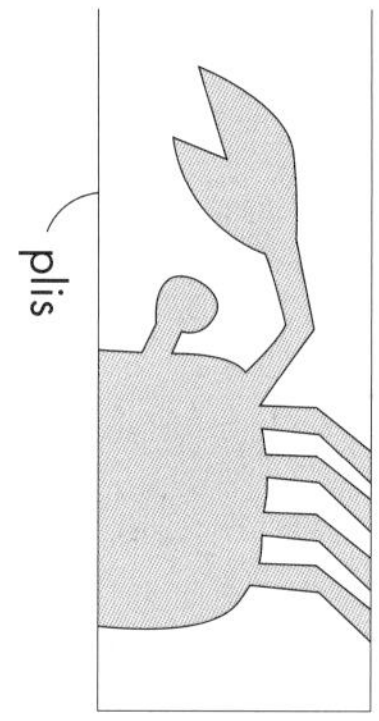

p.12-52 Escargot

*Pliage...Accordéon à 4 plis
*Fournitures...1 feuille de papier origami 15 x 15 cm (bleu foncé)

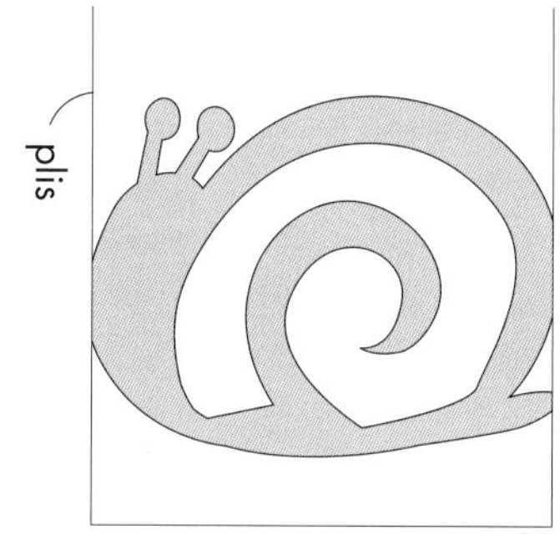

p.12-53 Poisson rouge

*Pliage...Triangle plié en 8
*Fournitures...1 feuille de papier origami 15 x 15 cm (rouge)

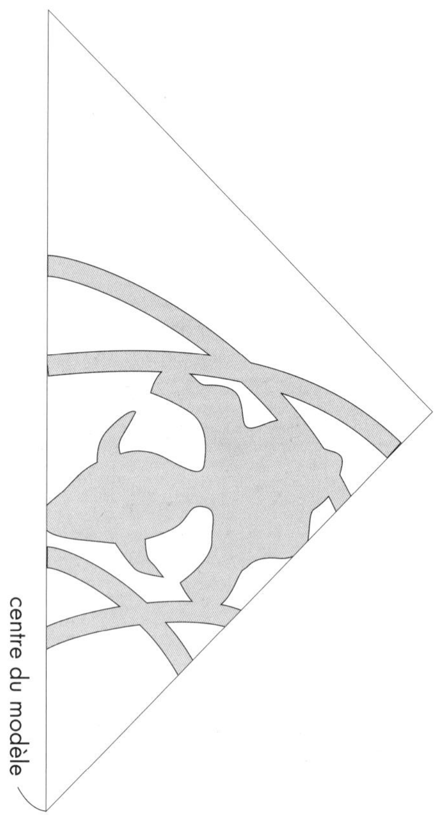

p.12-54 Grenouille

*Pliage...Triangle plié en 8
*Fournitures...1 feuille de papier origami 15 x 15 cm (vert)

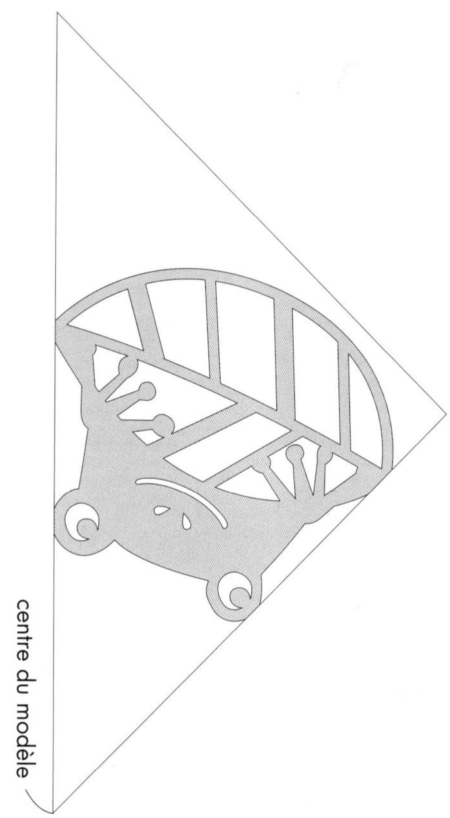

p.13-55 Mobile 1 goutte

p.13-56 Mobile 2 gouttes

*Pliage...Carré plié en 2
*Fournitures... 1 feuille de papier origami bicolore 15 x 15 cm (violet + bleu ciel à motifs) ou papier calque à motifs 15 x 15 cm (violet, bleu ciel, rose) 1 feuille de chaque
Fil

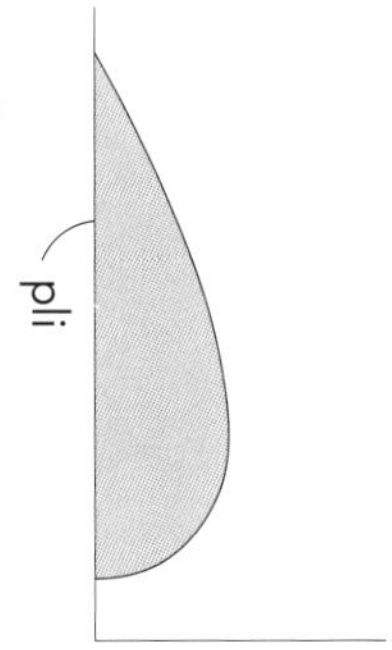

p.13-57 Mobile parapluie

*Pliage...Carré plié en 2
*Fournitures...Papier à dessin 20 x 10 cm (rose pastel, orange pastel, vert pastel) 1 feuille de chaque
Fil

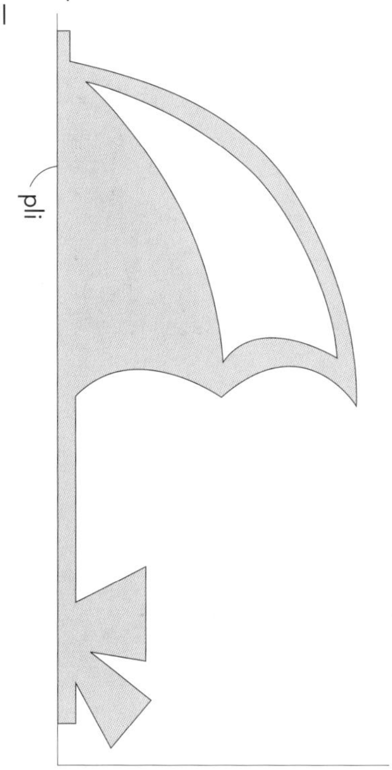

55 Mobile 1 goutte

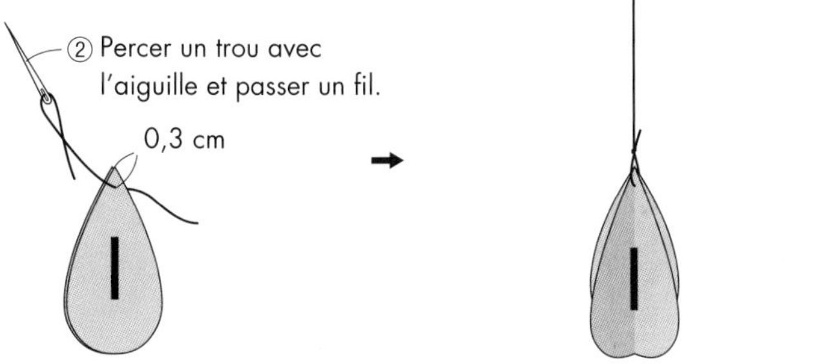

① Découper 2 pièces similaires. Superposer et agrafer.

Nouer le fil, ouvrir les feuilles et suspendre.

56 Mobile 2 gouttes

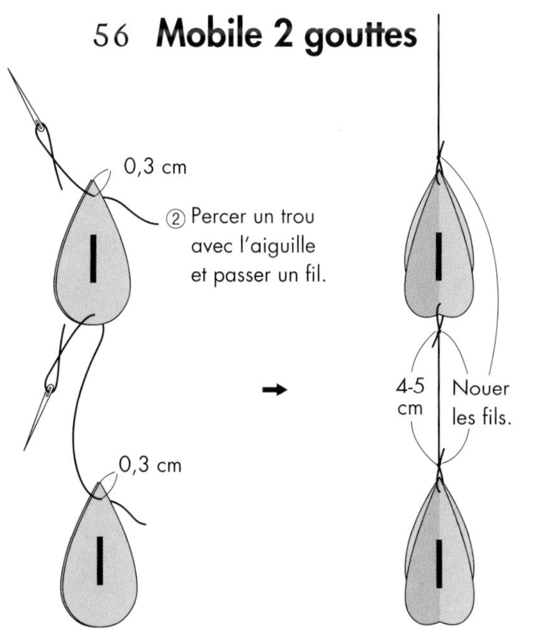

① Découper 2 pièces similaires. Superposer et agrafer. En réaliser 2.

Nouer le fil, ouvrir les feuilles et suspendre.

57 Mobile parapluie

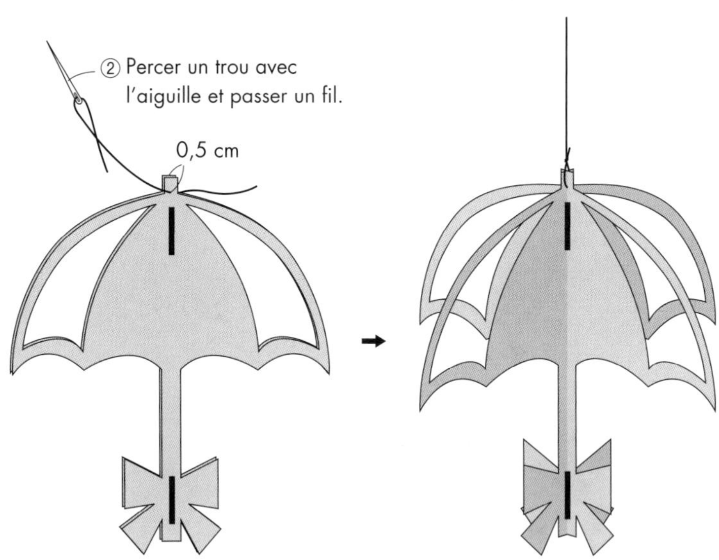

① Découper 2 pièces similaires. Superposer et agrafer à 2 endroits.

Nouer le fil, ouvrir les feuilles et suspendre.

p.13-58 Mobile végétal

＊Pliage…Carré plié en 2
＊Fournitures…1 feuille de papier à dessin 10 x 14 cm (vert foncé)
Fil de chanvre

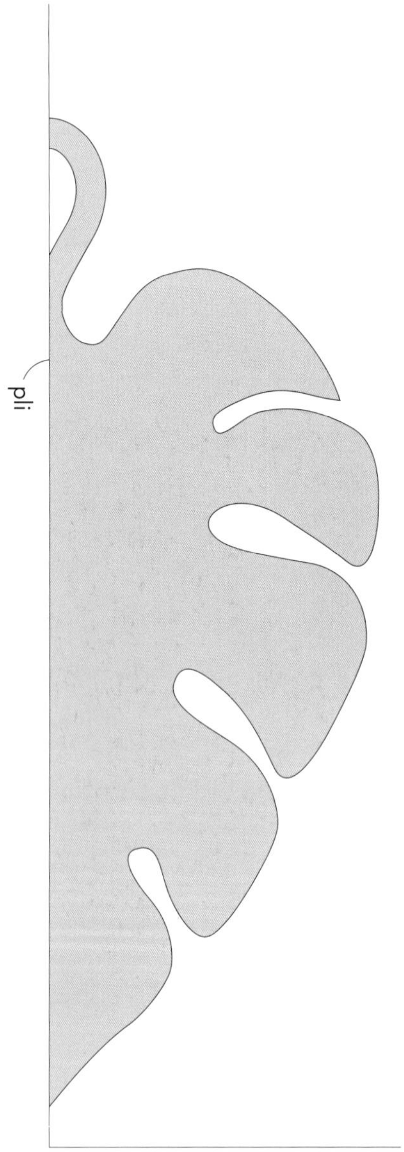

p.13-59 Mobile végétal

＊Pliage…Carré plié en 2
＊Fournitures…1 feuille de papier à dessin 11 x 16 cm (vert pastel)
Fil de chanvre

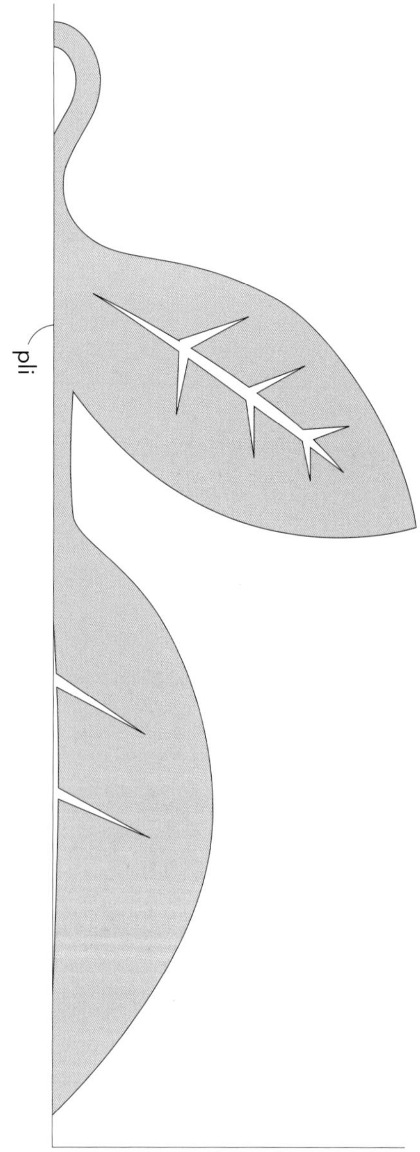

Finitions de 58, 59, 61, 62 et 63

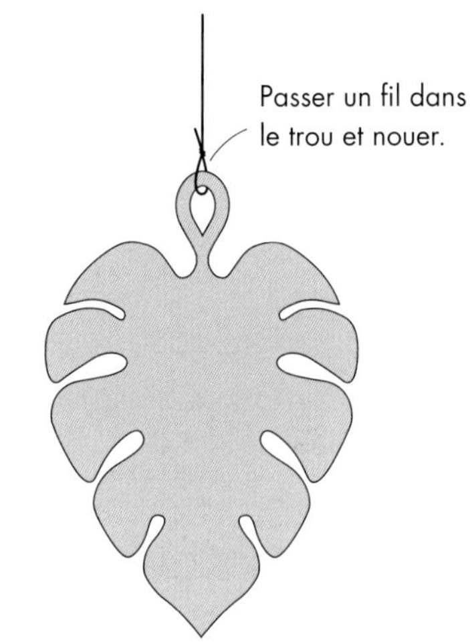

p.13-60 Mobile végétal

＊Pliage…Accordéon à 8 plis
＊Fournitures…Papier origami 15 x 15 cm (vert pastel, bleu-vert, vert-jaune) 1 feuille de chaque
Fil

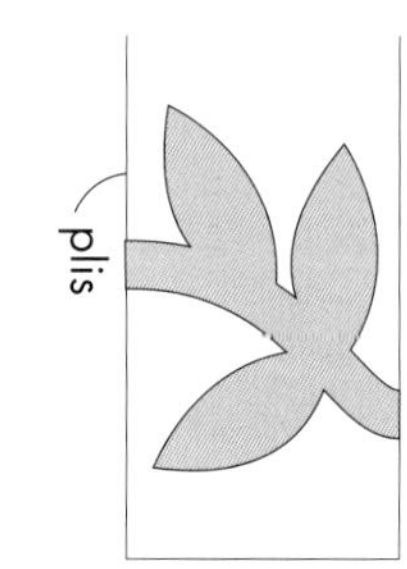

Finitions de 60

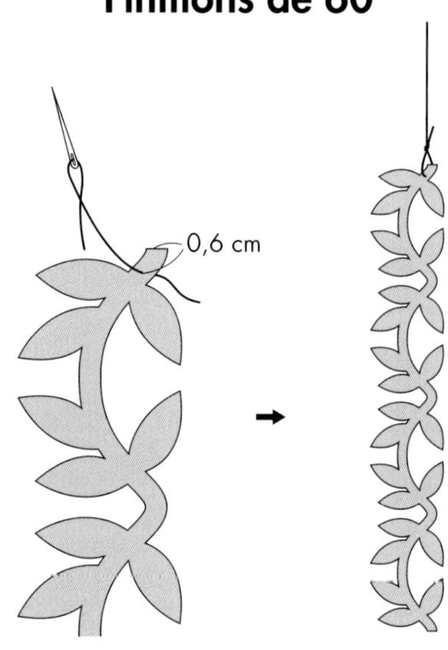

Percer un trou avec l'aiguille et passer un fil.

Nouer et suspendre.

P.13-61 Mobile végétal

∗Pliage...Carré plié en 2
∗Fournitures...1 feuille de papier
à dessin 11 x 15 cm (vert clair)
Fil de chanvre

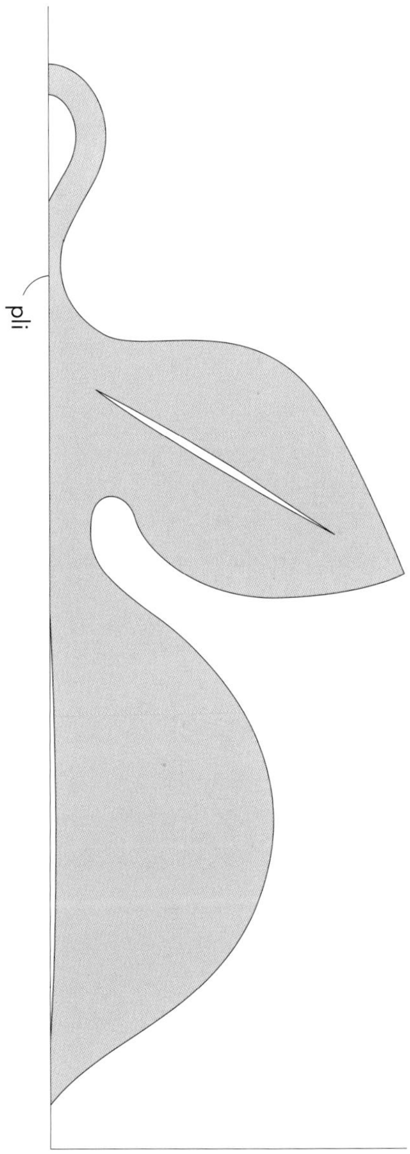

P.13-62 Mobile végétal

∗Pliage...Carré plié en 2
∗Fournitures...1 feuille de papier
à dessin 11 x 15 cm (vert olive)
Fil de chanvre

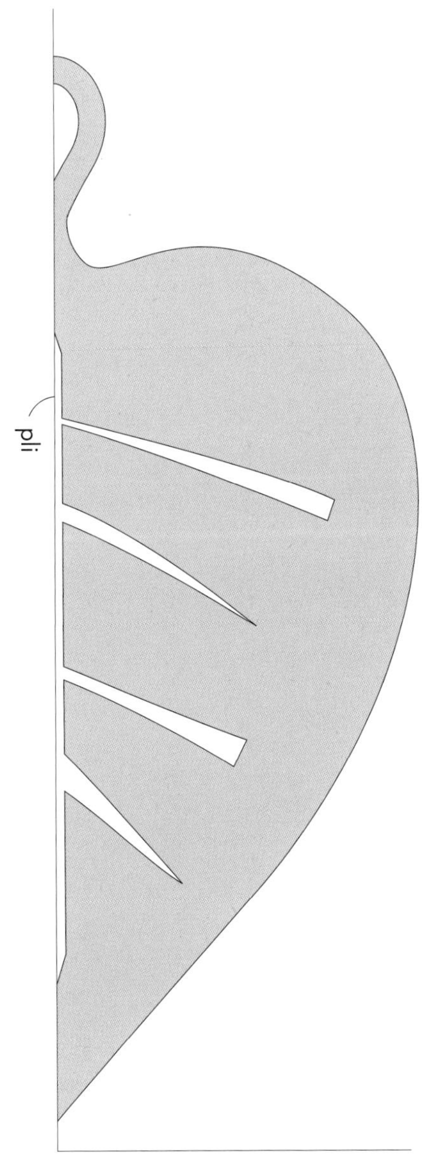

P.13-63 Mobile végétal

∗Pliage...Carré plié en 2
∗Fournitures...1 feuille de papier
à dessin 10 x 15 cm (vert)
Fil de chanvre

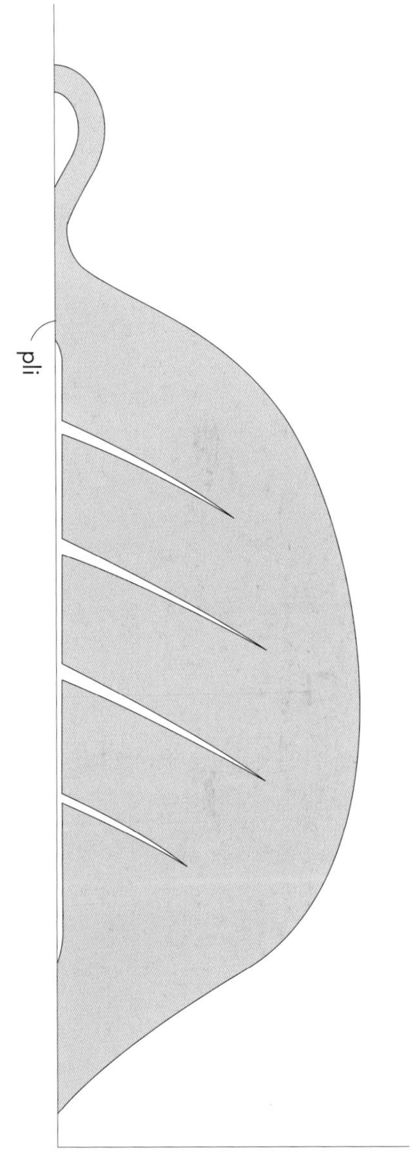

P.14-64 Lycoris

* Pliage...Triangle plié en 8
* Fournitures...1 feuille de papier origami 15 x 15 cm (rouge)

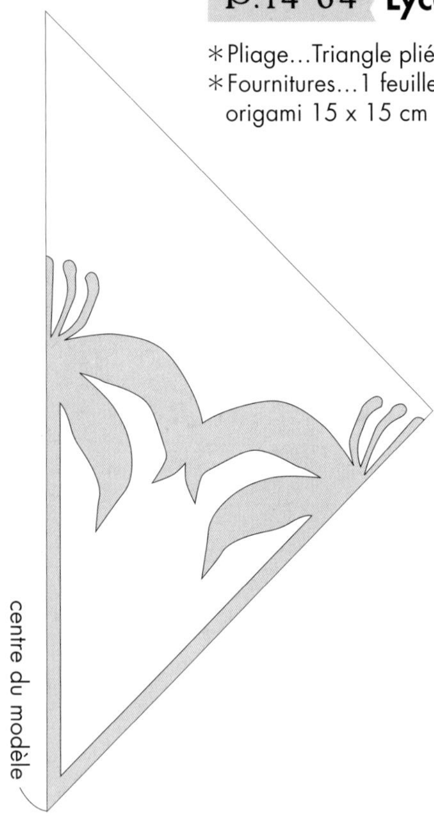

P.14-65 Houx

* Pliage...Triangle plié en 8
* Fournitures...1 feuille de papier origami 15 x 15 cm (orange)

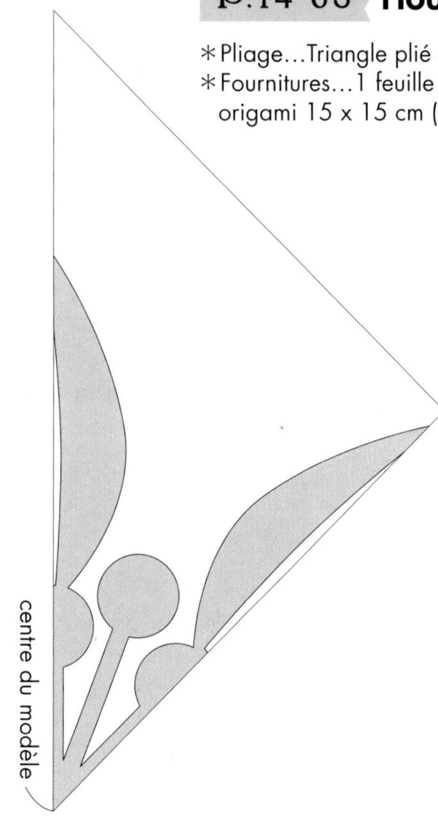

P.14-66 Gentiane

* Pliage...Triangle plié en 8
* Fournitures...1 feuille de papier origami 15 x 15 cm (violet)

P.15-67 Fruits sauvages

* Pliage...Accordéon à 6 plis
* Fournitures...Papier origami 15 x 15 cm (brun, vert foncé) 1 feuille de chaque

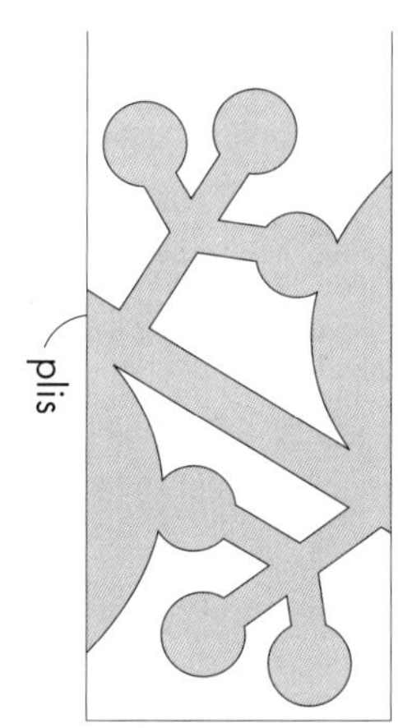

p.15-68 Feuille morte

*Pliage...Carré plié en 2
*Fournitures...Papier à dessin 7 x 8 cm (orange, rouge) 1 feuille de chaque

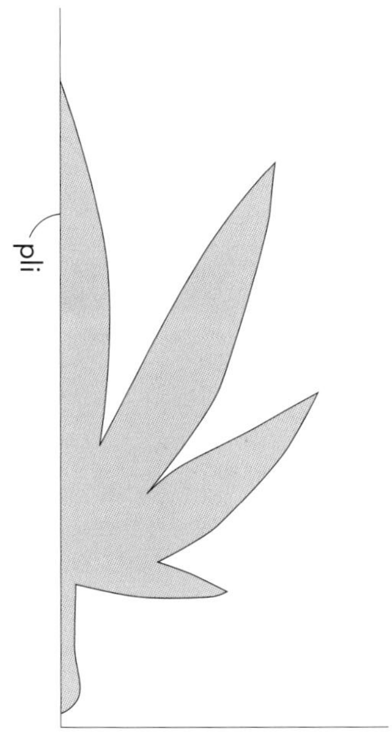

p.15-69 Feuille morte

*Pliage...Carré plié en 2
*Fournitures...1 feuille de papier à dessin 7 x 8 cm (jaune)

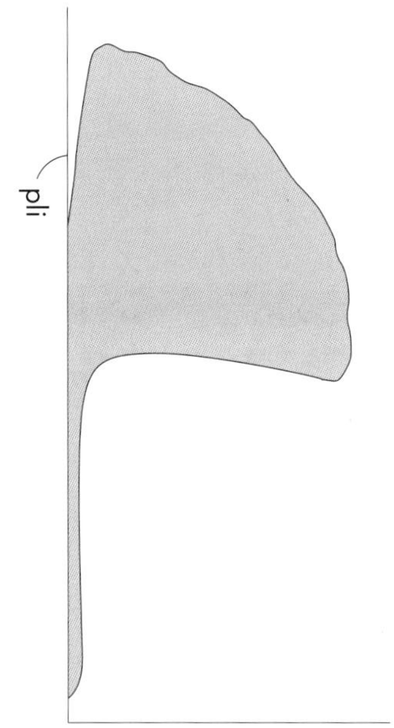

p.15-70 Feuille morte

*Pliage...Carré plié en 2
*Fournitures...Papier à dessin 6 x 7,5 cm (rouge, bordeaux) 1 feuille de chaque

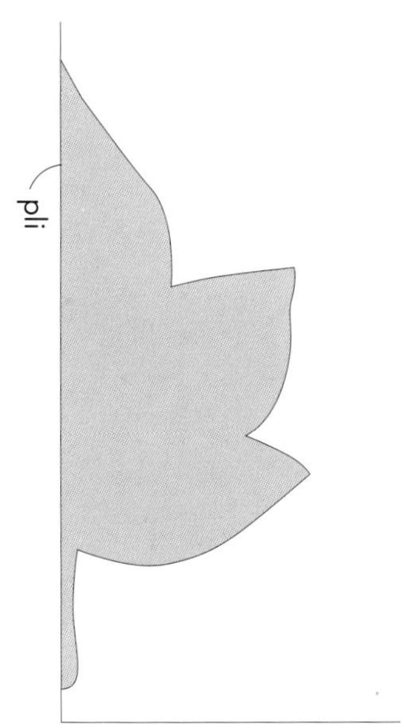

p.15-71 Feuille morte

*Pliage...Carré plié en 2
*Fournitures...Papier à dessin 6 x 6,5 cm (orange, bordeaux) 1 feuille de chaque

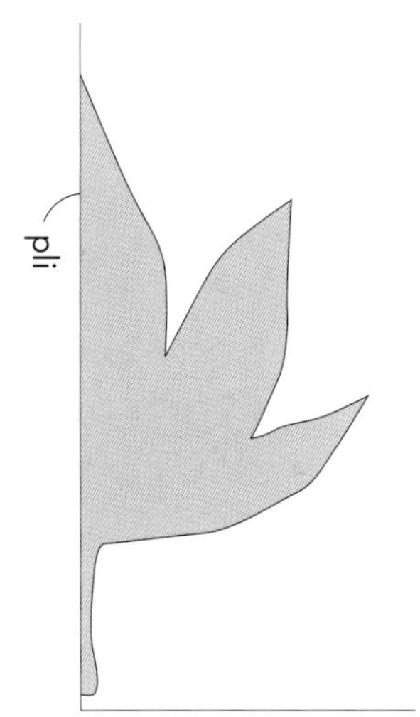

p.15-72 Pomme

∗Pliage...Accordéon à 8 plis
∗Fournitures...1 feuille de papier origami 15 x 15 cm (vert-jaune)

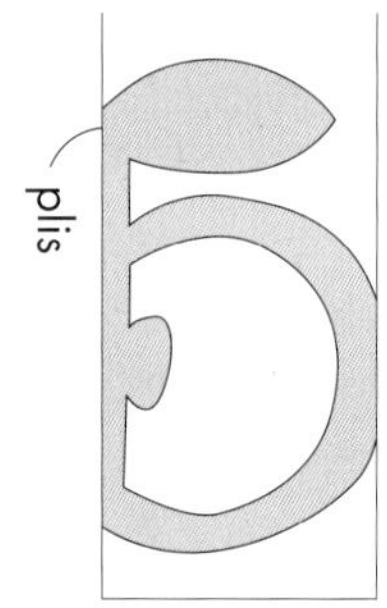

p.15-73 Châtaigne

∗Pliage...Accordéon à 8 plis
∗Fournitures...1 feuille de papier origami 15 x 15 cm (marron foncé)

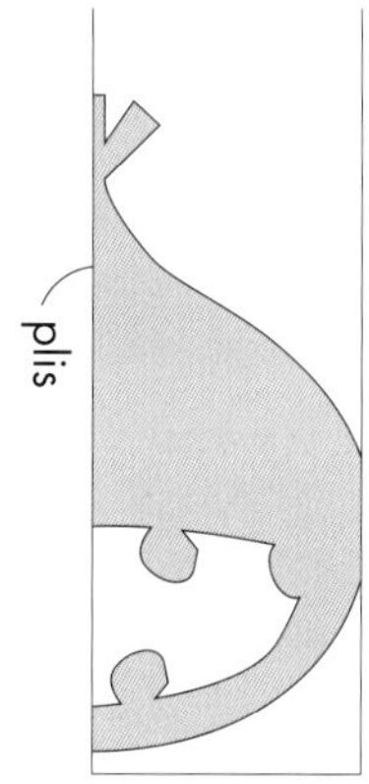

p.15-74 Champignon

∗Pliage...Accordéon à 8 plis
∗Fournitures...1 feuille de papier origami 15 x 15 cm (marron)

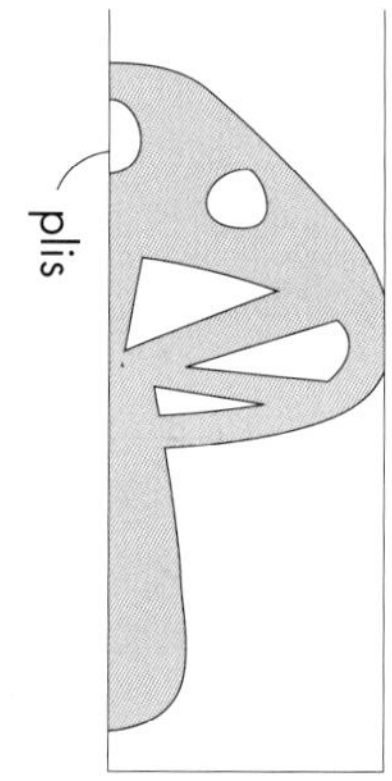

p.16-75 Renne

∗Pliage...Triangle plié en 8
∗Fournitures...1 feuille de papier origami 15 x 15 cm (marron)

p.16-76 Couronne de l'Avent

∗Pliage...Triangle plié en 8
∗Fournitures...1 feuille de papier origami 15 x 15 cm (vert foncé)

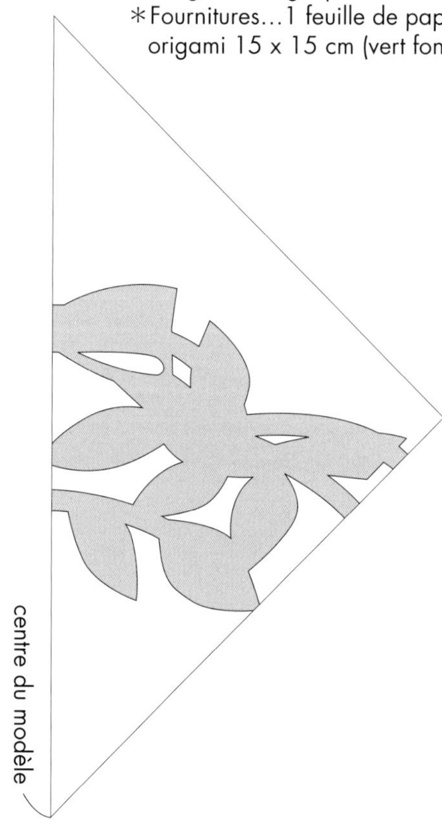

P.16-77 Sapin

*Pliage...Accordéon à 8 plis
*Fournitures...1 feuille de papier origami 15 x 15 cm (bleu vert)

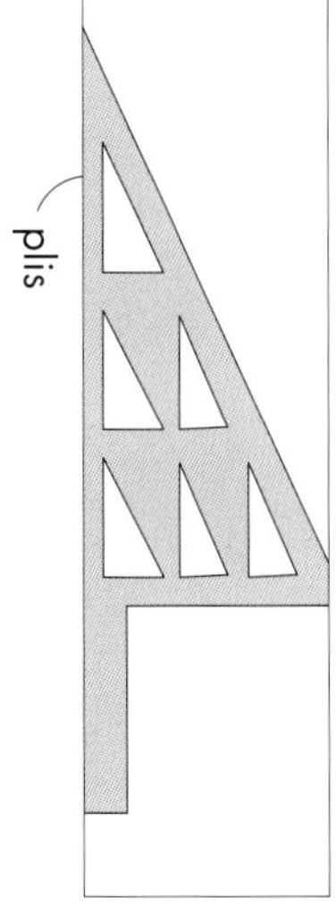

P.16-78 Cœur

*Pliage...Accordéon à 8 plis
*Fournitures...1 feuille de papier origami 15 x 15 cm (rose saumon)

P.16-79 Bougie

*Pliage...Accordéon à 8 plis
*Fournitures...1 feuille de papier origami 15 x 15 cm (prune)

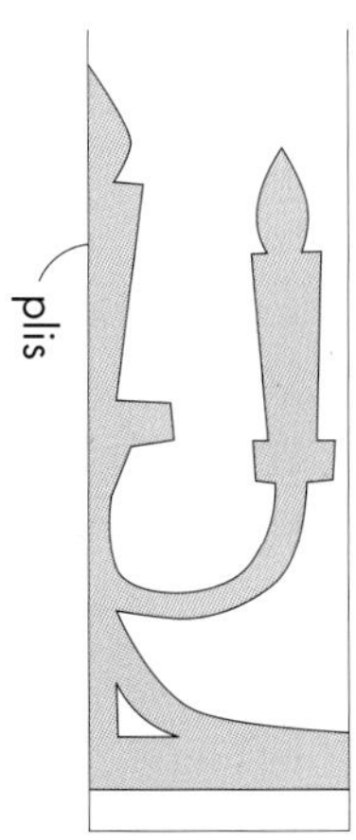

P.16-80 Le Père Noël et ses rennes

*Pliage...Carré plié en 2
*Fournitures...1 feuille de papier origami 15 x 15 cm (marron)

p.17-81 Mobile cristal de glace

*Pliage...Triangle plié en 6
*Fournitures...1 feuille de papier origami 7,5 x 7,5 cm (blanc)
Fil

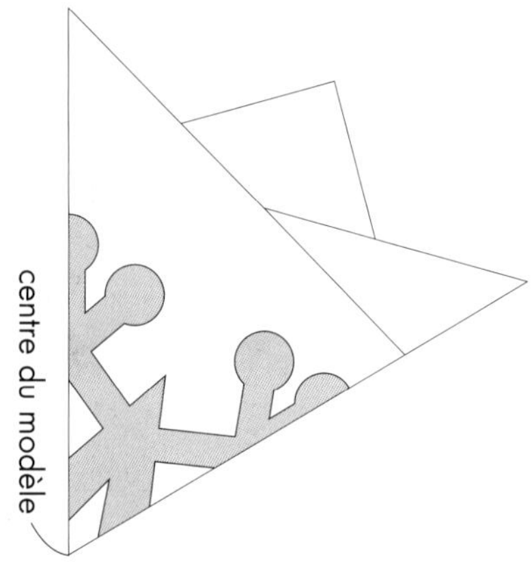

p.17-82 Mobile cristal de glace

*Pliage...Triangle plié en 6
*Fournitures...1 feuille de papier origami 7,5 x 7,5 cm (blanc)
Fil

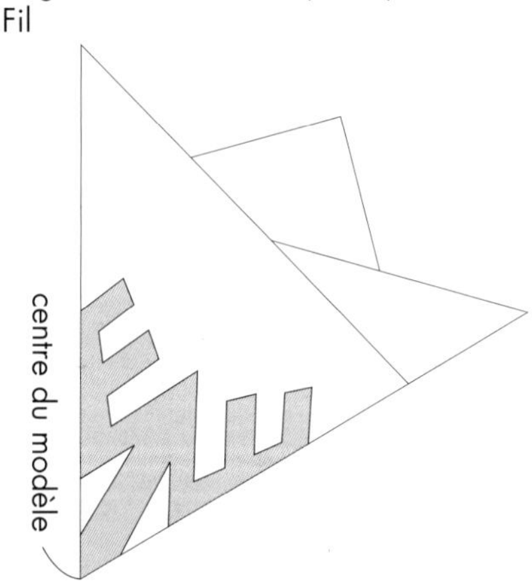

Finitions de 81 et 82

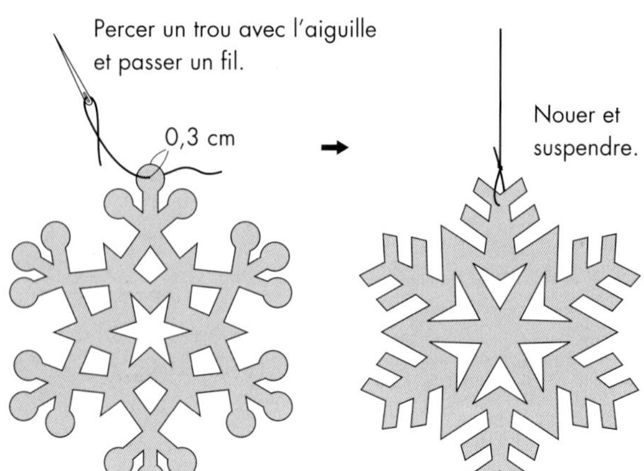

p.17-85 Grand cristal de glace

*Pliage...Triangle plié en 6
*Fournitures...1 feuille de papier origami 15 x 15 cm (blanc)

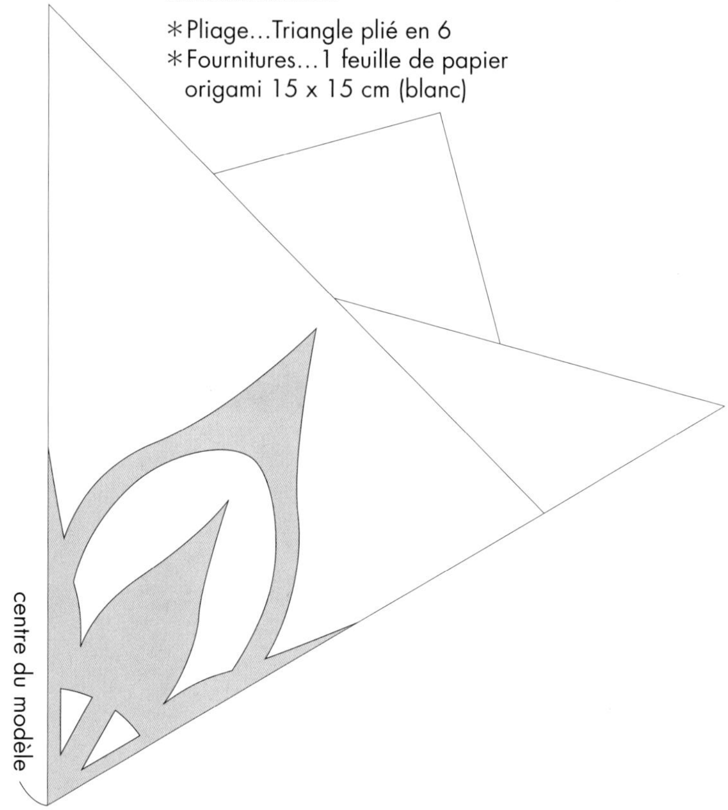

p.17-86 Petit cristal de glace

*Pliage...Triangle plié en 6
*Fournitures...1 feuille de papier origami 15 x 15 cm (blanc)

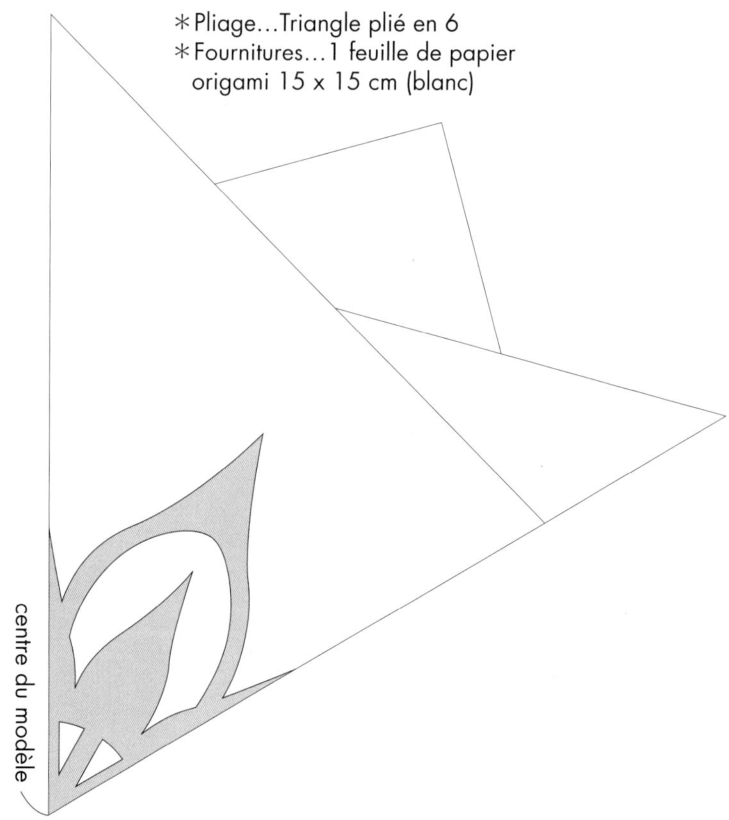

P.17-83 **Grand sapin**

P.17-84 **Petit sapin**

*Pliage...Carré plié en 2
*Fournitures... 1 feuille de papier origami bicolore 15 x 15 cm (jaune + vert à motifs) ou 1 feuille de papier calque à motifs 15 x 15 cm (vert)

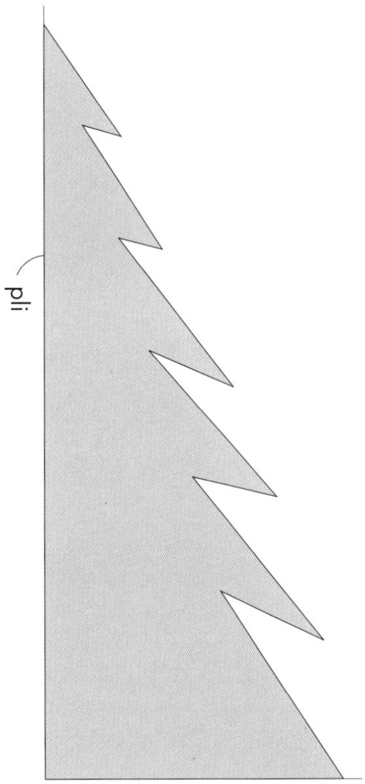

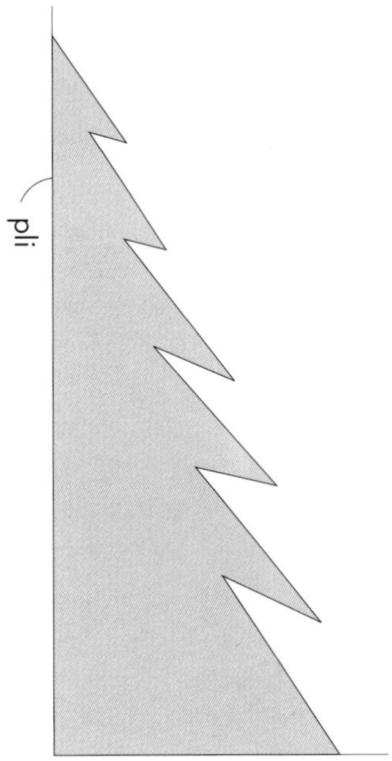

Finitions de 83 et 84

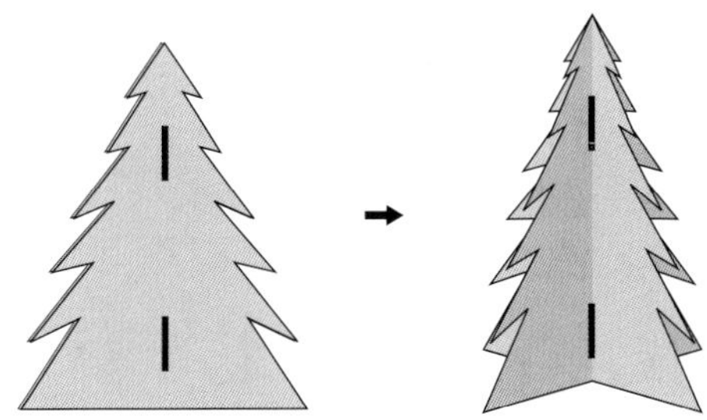

Réaliser 2 pièces similaires. Superposer et agrafer.

Ouvrir les feuilles et faire tenir debout.

P.18-87 **Fleur**

*Pliage...Triangle plié en 8
*Fournitures...1 feuille de papier origami 15 x 15 cm (crème)

P.18-88 **Fleur**

*Pliage...Triangle plié en 8
*Fournitures...1 feuille de papier origami 15 x 15 cm (ocre)

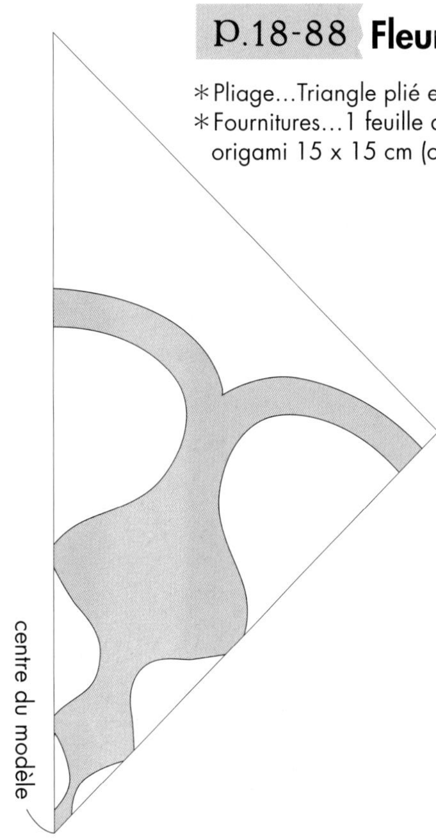

P.19-89 Gerbera

*Pliage...Triangle plié en 8
*Fournitures...1 feuille de papier origami 15 x 15 cm (magenta)

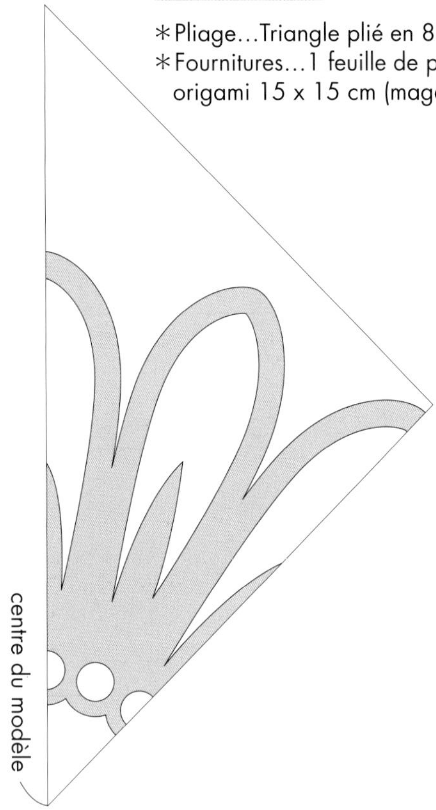

P.19-90 Anémone

*Pliage...Triangle plié en 8
*Fournitures...1 feuille de papier origami 15 x 15 cm (violet)

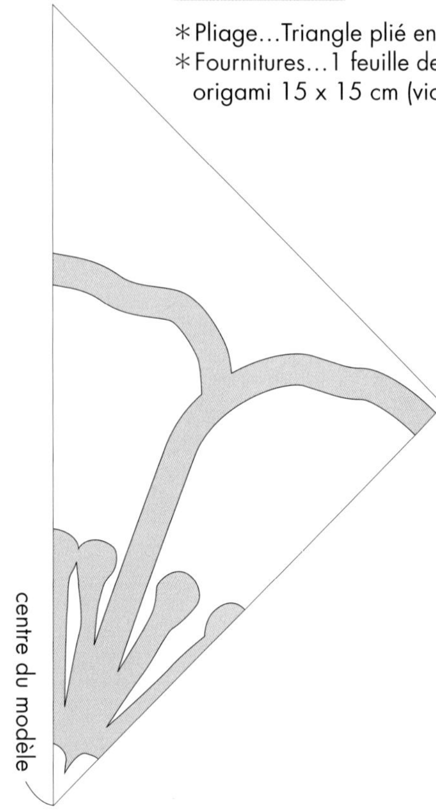

P.21-95 Fleur

*Pliage...Triangle plié en 8
*Fournitures...1 feuille de papier origami 15 x 15 cm (vert clair)

P.21-96 Fleur

*Pliage...Triangle plié en 8
*Fournitures...1 feuille de papier origami 15 x 15 cm (blanc)

P.20-92 Fleur

＊Pliage...Triangle plié en 8
＊Fournitures...1 feuille de papier origami 15 x 15 cm (marron foncé)

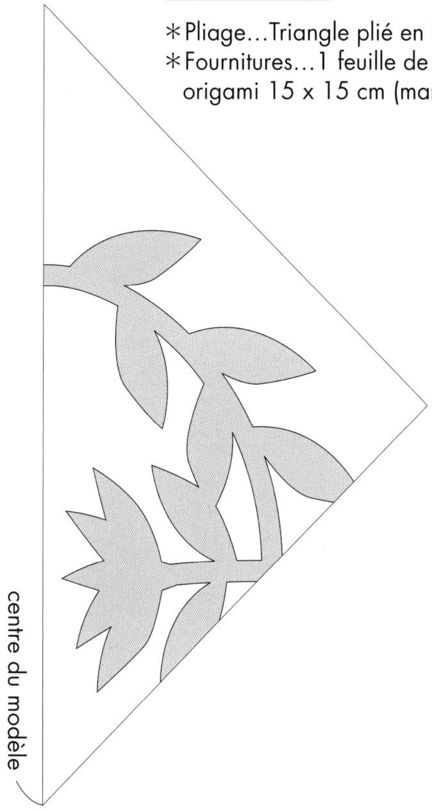

P.20-93 Fleur

＊Pliage...Triangle plié en 8
＊Fournitures...1 feuille de papier origami 15 x 15 cm (ocre)

P.20-94 Jacinthe

＊Pliage...Triangle plié en 8
＊Fournitures...1 feuille de papier origami 15 x 15 cm (orange)

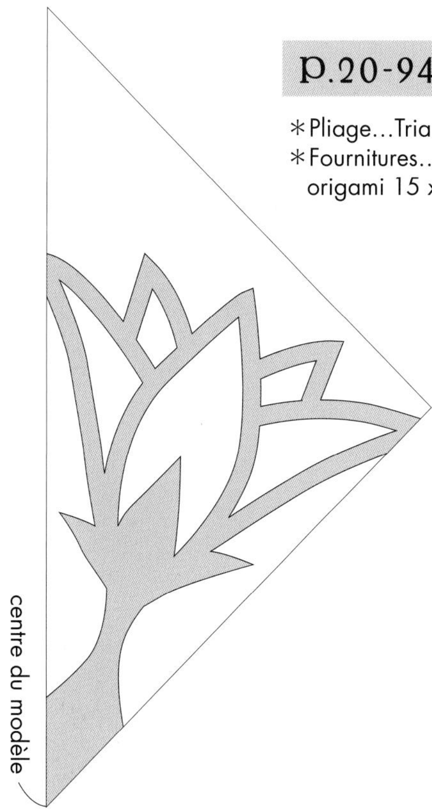

P.22-97 Rose

*Pliage...Triangle plié en 8
*Fournitures...1 feuille de papier origami 15 x 15 cm (rouge foncé)

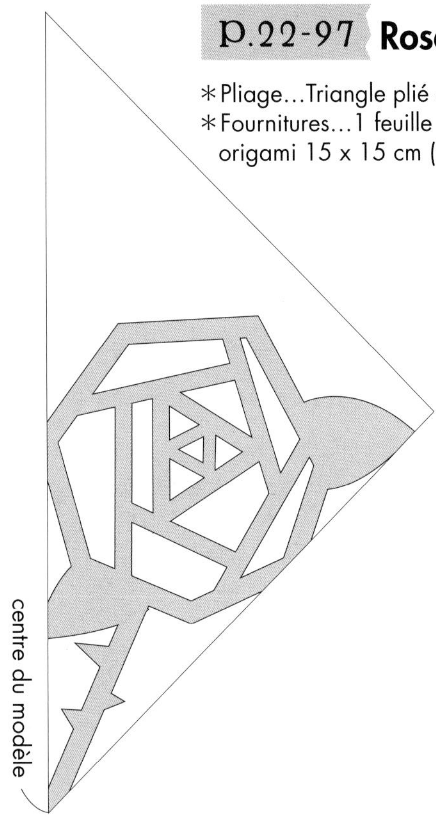

P.22-98 Rose

*Pliage...Triangle plié en 8
*Fournitures...1 feuille de papier origami 15 x 15 cm (rouge)

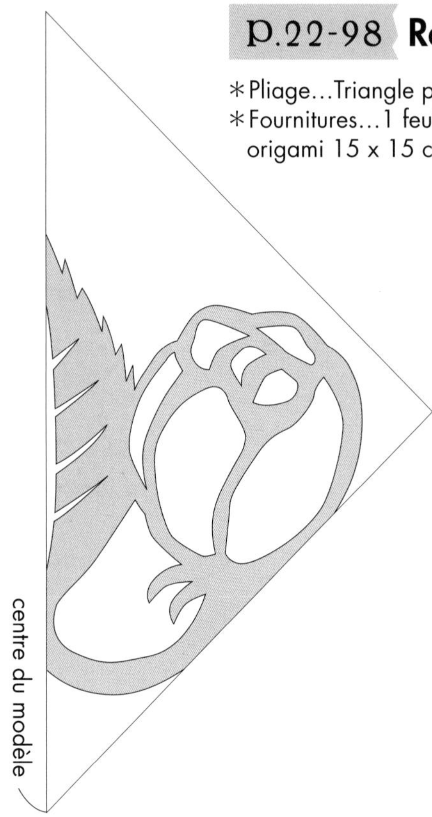

P.24-105 Le Chat botté

*Pliage...Carré plié en 2
*Fournitures...1 feuille de papier origami 15 x 15 cm (marron)

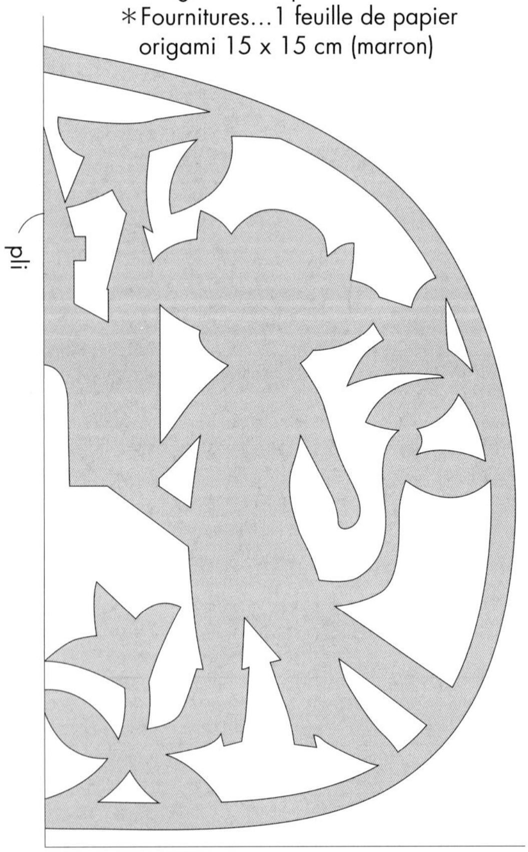

P.24-106 Le Roi Grenouille

*Pliage...Carré plié en 2
*Fournitures...1 feuille de papier origami 15 x 15 cm (rose)

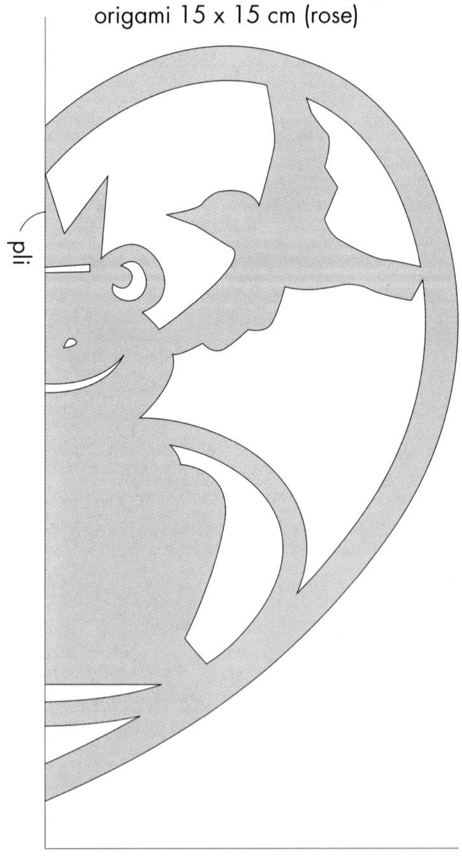

P.24-104 Livre

＊Pliage...Accordéon à 8 plis
＊Fournitures...1 feuille de papier origami 15 x 15 cm (vert mousse)

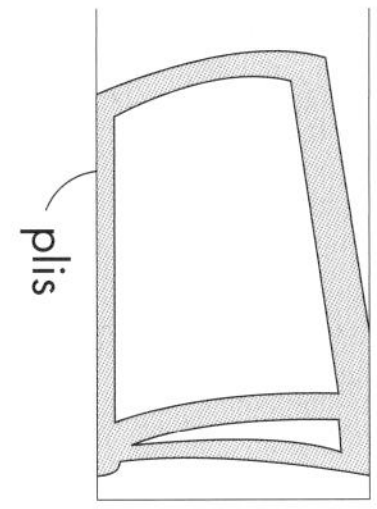

P.24-107 Les Musiciens de Brême

＊Pliage...Carré plié en 2
＊Fournitures...1 feuille de papier origami 15 x 15 cm (violet)

P.24-108 Le Petit Chaperon rouge

＊Pliage...Carré plié en 2
＊Fournitures...1 feuille de papier origami 15 x 15 cm (rouge)

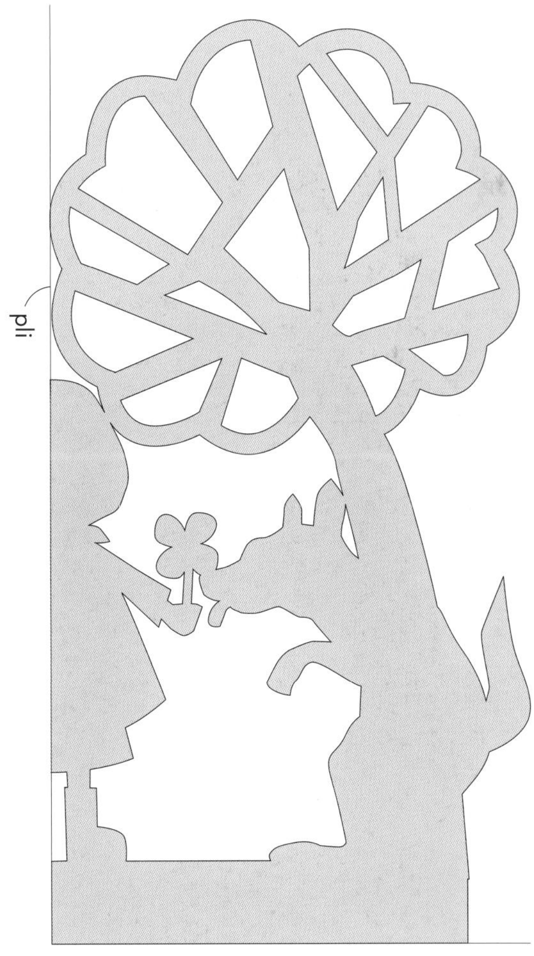

P.23-99 Anémone

Pétales
* Pliage…Triangle plié en 8
* Fournitures…Papier origami 15 x 15 cm (blanc + crème ou orange + mandarine) 1 feuille de chaque

Cœur A
* Pliage…Triangle plié en 8
* Fournitures…1 feuille de papier origami 7,5 x 7,5 cm (jaune)

Cœur B
* Pliage…Triangle plié en 8
* Fournitures…Papier origami 7,5 x 7,5 cm (jaune, crème) 1 feuille de chaque

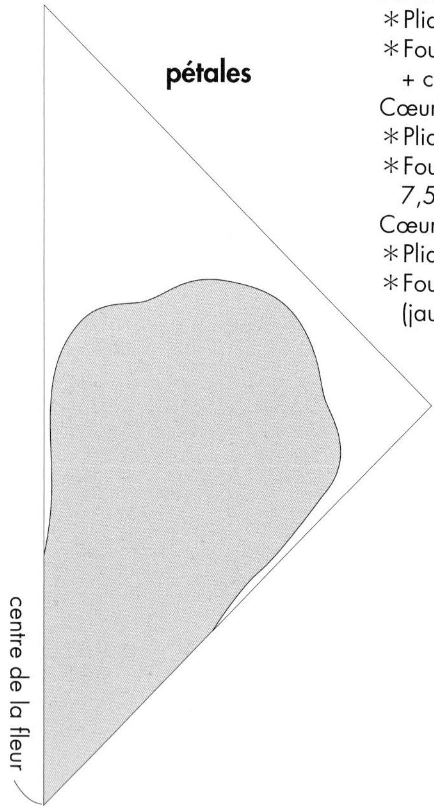

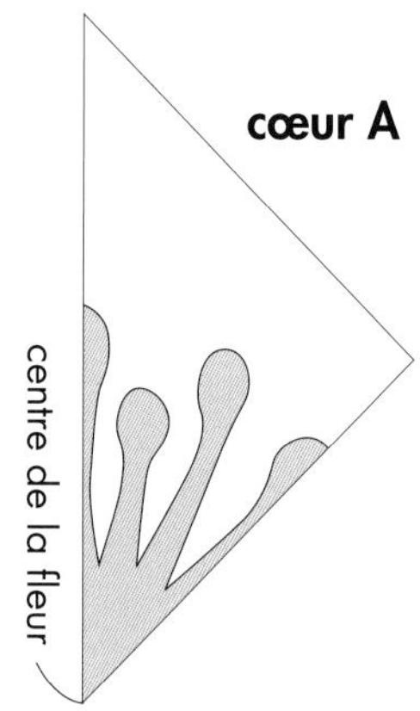

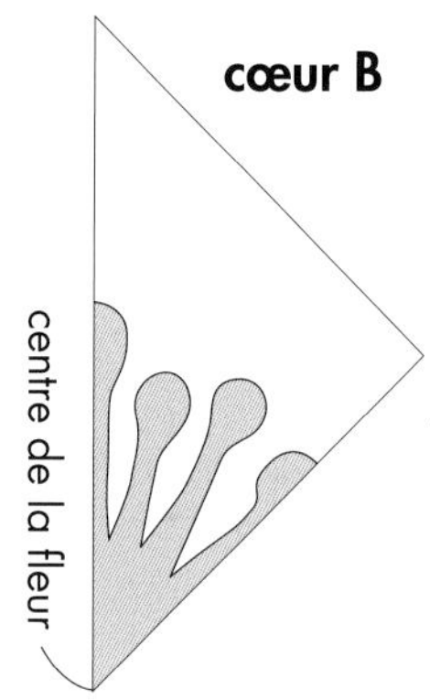

Finitions

Fixer le milieu avec une punaise.

Superposer 2 pétales en les décalant (haut blanc + bas crème ou haut orange + bas mandarine).

Sur le cœur A, placer le cœur B (crème), puis le cœur B (jaune).

P.23-100 Coquelicot

Grands pétales
* Pliage…Triangle plié en 8
* Fournitures…Papier origami 15 x 15 cm (rouge + vermillon ou violet + améthyste) 1 feuille de chaque

Petits pétales
* Pliage…Triangle plié en 8
* Fournitures…1 feuille de papier origami 7,5 x 7,5 cm (blanc)

Cœur A (cf. anémone)
* Pliage…Triangle plié en 8
* Fournitures…1 feuille de papier origami 7,5 x 7,5 cm (noir)

Cœur B (cf. anémone)
* Pliage…Triangle plié en 8
* Fournitures…1 feuille de papier origami 7,5 x 7,5 cm (noir)

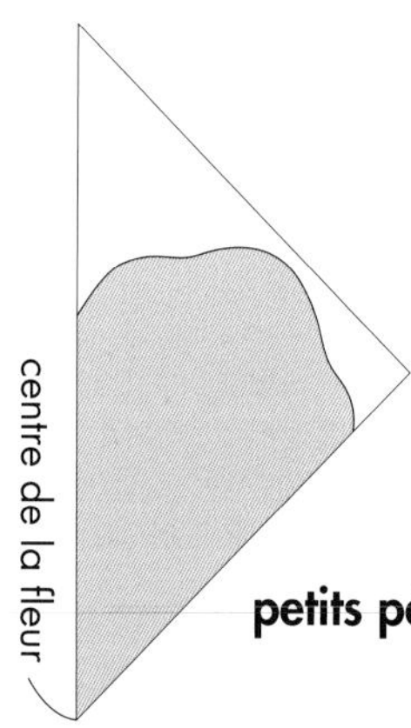

Finitions

Fixer le milieu avec une punaise.

Superposer le cœur B sur le cœur A.

petits pétales

Superposer 2 grands pétales en les décalant (haut rouge + bas vermillon ou haut violet + bas améthyste).

P.23-101 Fleur

Grands pétales
*Pliage...Triangle plié en 8
*Fournitures...Papier origami 15 x 15 cm (bleu ciel + turquoise ou bleu clair + bleu ciel) 1 feuille de chaque
Petits pétales
*Pliage...Triangle plié en 8
*Fournitures...1 feuille de papier origami 7,5 x 7,5 cm (crème)

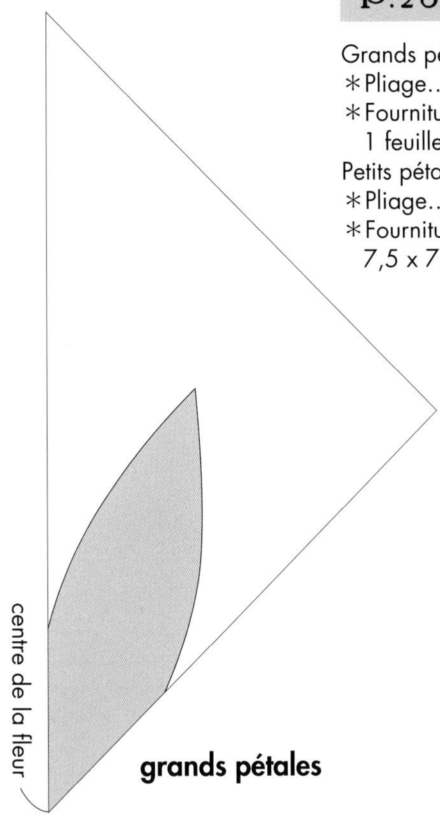

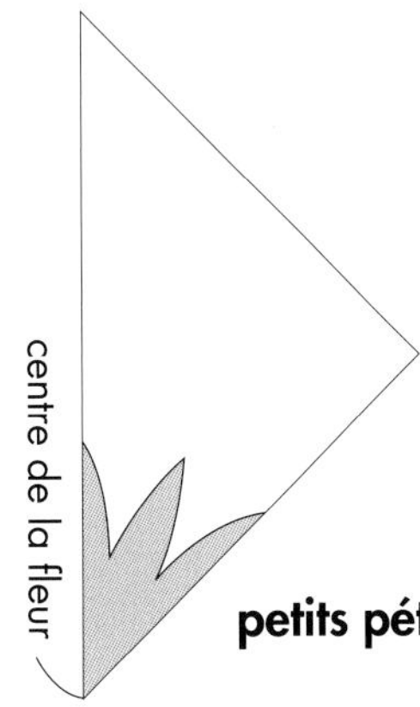

Finitions

P.23-102 Petite fleur

Pétale C (1 feuille) + pétale D (1 feuille)
*Fournitures...Papier origami 7,5 x 7,5 cm (jaune, crème) 1 feuille de chaque

P.23-103 Petite fleur

Pétale A (1 feuille) + pétale B (1 feuille) + pétale C (1 feuille)
*Fournitures...Papier origami 7,5 x 7,5 cm (blanc cassé 2 feuilles, crème 1 feuille)

Pliage
Triangle plié en 8 pour tous

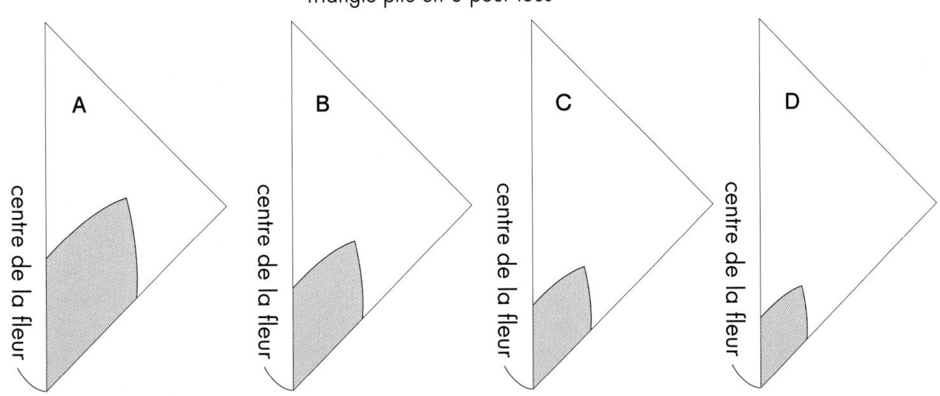

Finitions

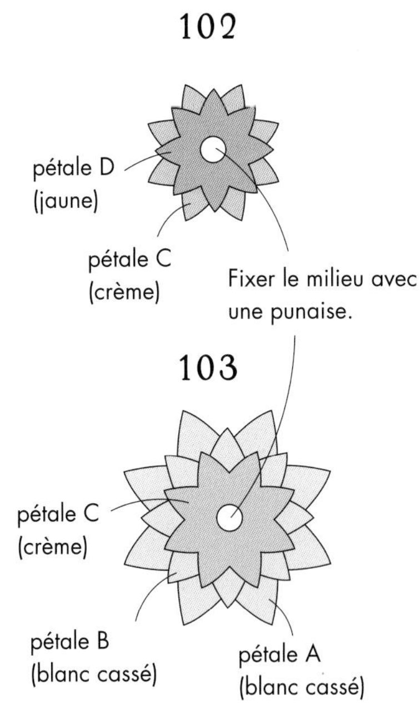

p.25-109 Grande pierre précieuse

*Pliage...Triangle plié en 6
*Fournitures...Papier origami 7,5 x 7,5 cm (bordeaux, gris foncé, gris clair, blanc) 1 feuille de chaque

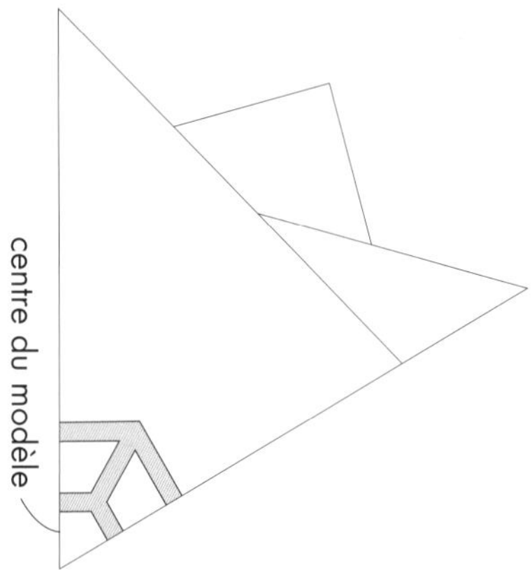

p.25-110 Petite pierre précieuse

*Pliage...Triangle plié en 6
*Fournitures...Papier origami 7,5 x 7,5 cm (bordeaux, gris foncé, gris clair, blanc) 1 feuille de chaque

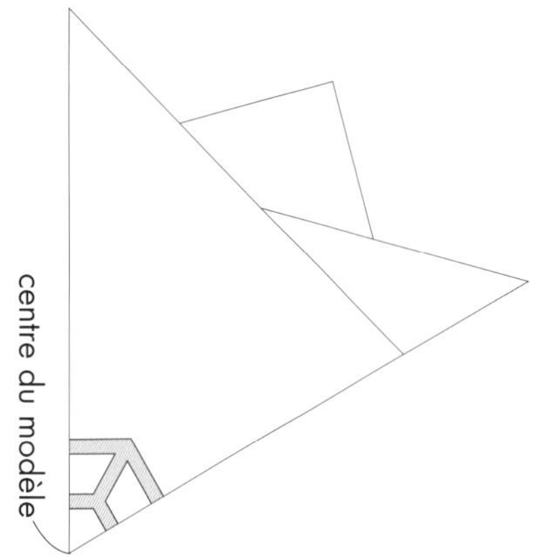

p.25-111 Pierre précieuse

*Pliage...Carré plié en 2
*Fournitures...Papier origami 7,5 x 7,5 cm (gris foncé, gris clair) 1 feuille de chaque

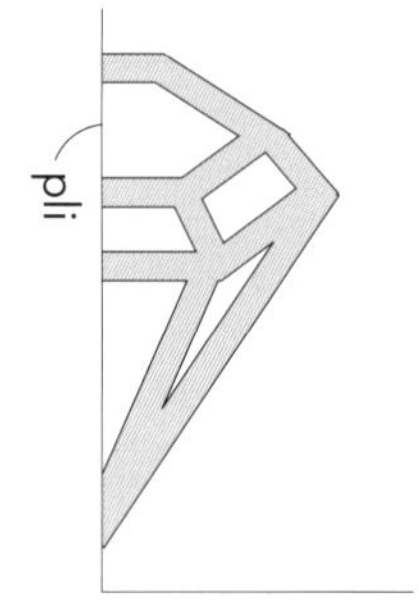

p.25-112 Mobile pierre précieuse

*Pliage...Accordéon à 8 plis
*Fournitures...Papier origami métallisé 15 x 15 cm (violet, rose foncé, argenté) 1 feuille de chaque
Fil

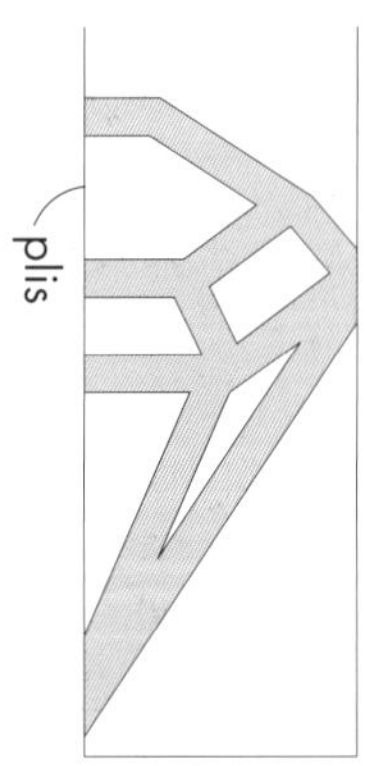

p.25-113 Mobile pierre précieuse

*Pliage...Accordéon à 8 plis
*Fournitures...Papier origami métallisé 15 x 15 cm (violet, argenté) 1 feuille de chaque
Fil

p.25-116 Pierre précieuse

*Pliage...Accordéon à 8 plis
*Fournitures...1 feuille de papier origami 15 x 15 cm (rouge)

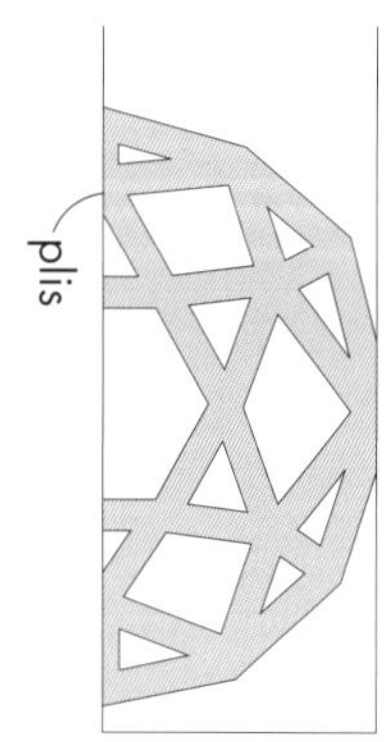

Réalisation des modèles 112 et 113

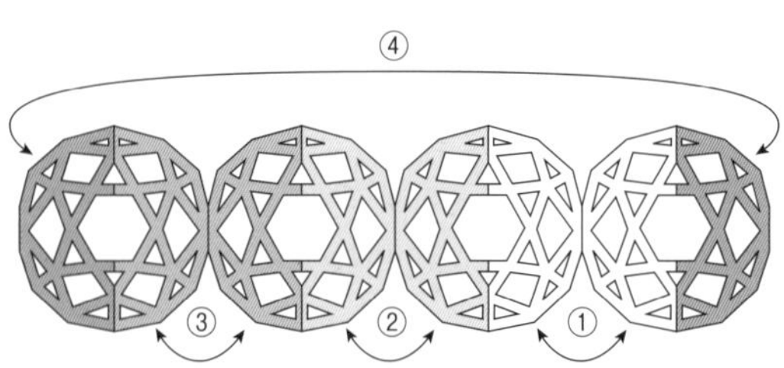

Coller l'envers de l'un sur l'envers de l'autre, dans l'ordre indiqué ci-dessus.

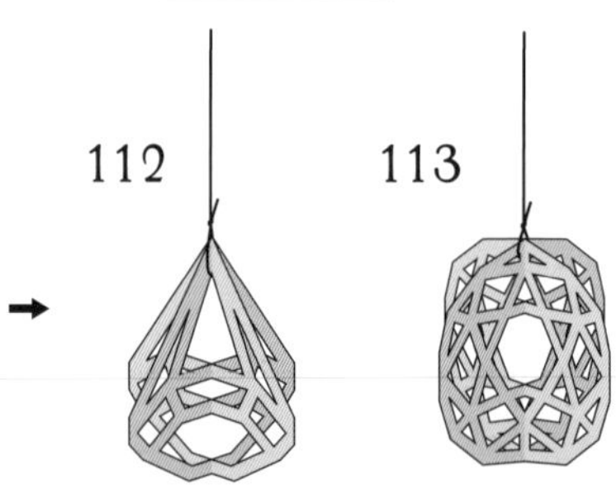

Nouer le fil, ouvrir les feuilles et suspendre.

p.25-114 Couronne

*Pliage...Accordéon à 8 plis
*Fournitures...1 feuille de papier origami 15 x 15 cm (violet)

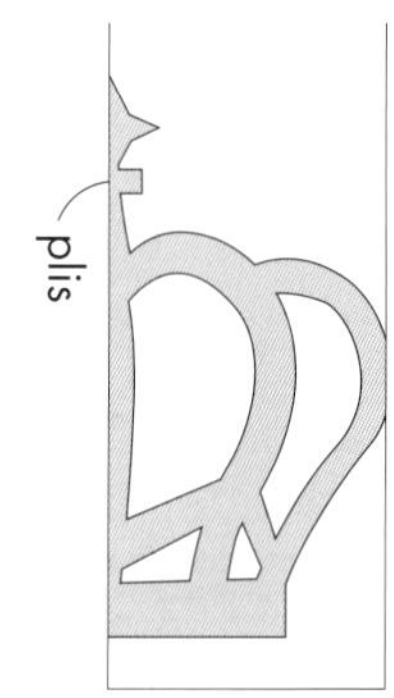

p.25-115 Bague

*Pliage...Accordéon à 8 plis
*Fournitures...1 feuille de papier origami 15 x 15 cm (gris)

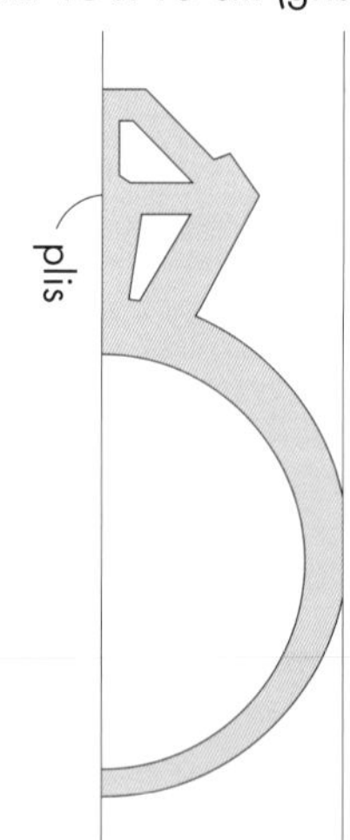

P.26-117 Cadre photo

*Pliage...Triangle plié en 8
*Fournitures...1 feuille de papier origami 15 x 15 cm (rouge)

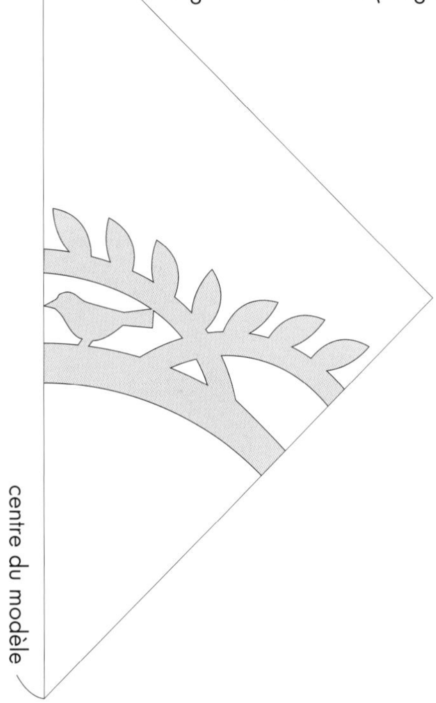

P.26-118 Cadre photo

*Pliage...Carré plié en 4
*Fournitures...1 feuille de papier origami 15 x 15 cm (rose)

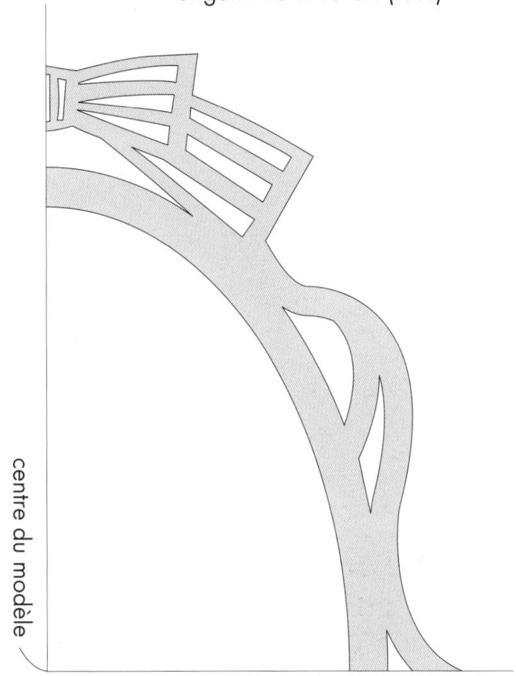

P.27-119 Cadre photo

*Pliage...Carré plié en 4
*Fournitures...1 feuille de papier origami 15 x 15 cm (bordeaux)

P.27-120 Cadre photo

*Pliage...Carré plié en 4
*Fournitures...1 feuille de papier origami 15 x 15 cm (vert mousse)

p.27-121 Cadre photo

*Pliage...Carré plié en 4
*Fournitures...1 feuille de papier origami 15 x 15 cm (jaune doré)

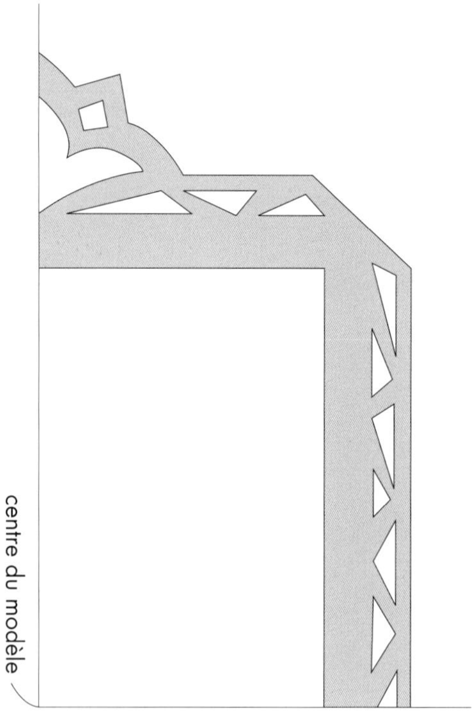

p.28-122 Napperon

*Pliage...Triangle plié en 6
*Fournitures...1 feuille de papier origami 15 x 15 cm (vert)

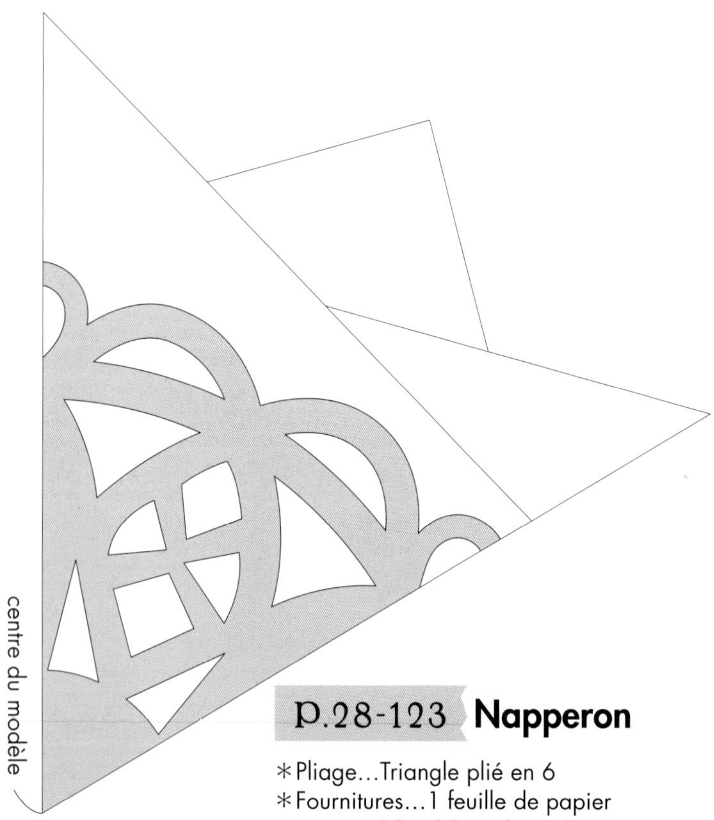

p.28-123 Napperon

*Pliage...Triangle plié en 6
*Fournitures...1 feuille de papier origami 15 x 15 cm (jaune)

p.29-125 Napperon

*Pliage...Triangle plié en 8
*Fournitures...1 feuille de papier origami 15 x 15 cm (mauve)

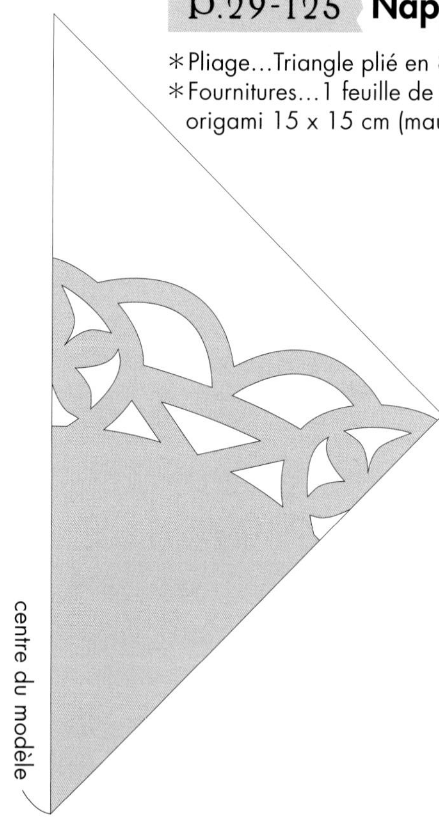

p.28-124 Napperon

*Pliage...Triangle plié en 6
*Fournitures...1 feuille de papier origami 15 x 15 cm (bleu clair)

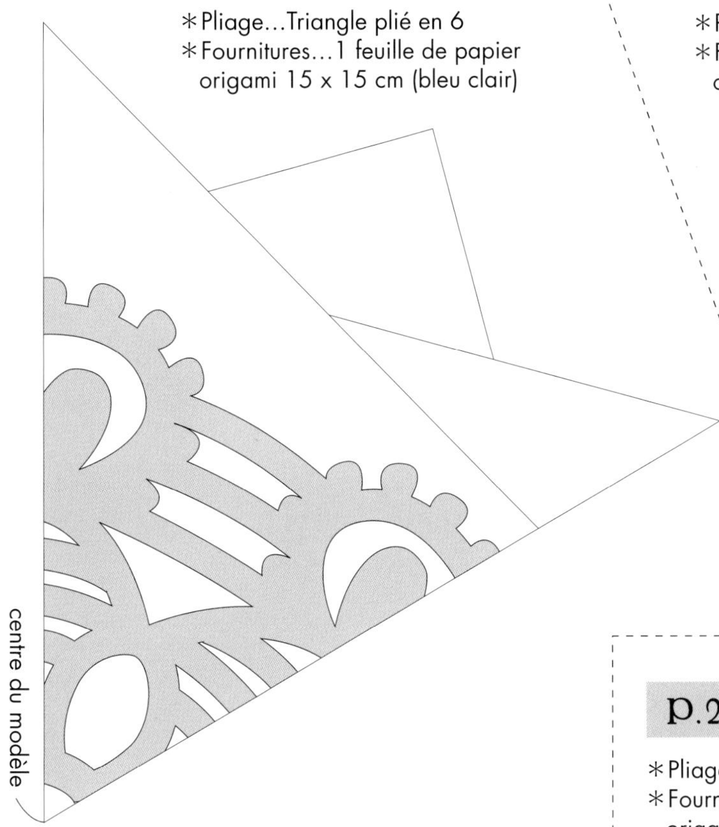

p.29-127 Galon

*Pliage...Accordéon à 8 plis
*Fournitures...1 feuille de papier origami 15 x 15 cm (blanc)

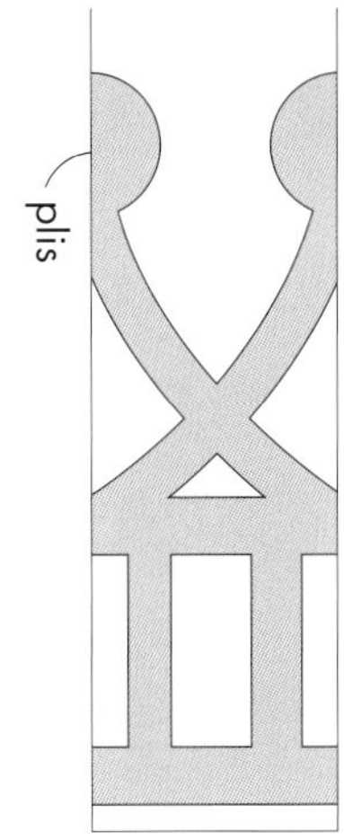

p.29-128 Galon

*Pliage...Accordéon à 6 plis
*Fournitures...1 feuille de papier origami 15 x 15 cm (blanc)

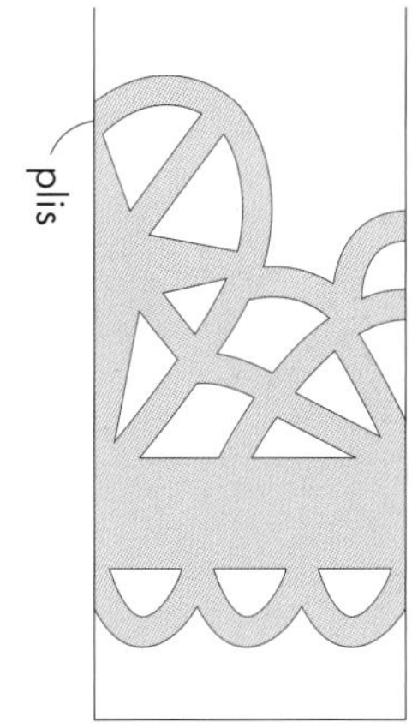

p.29-129 Galon

*Pliage...Accordéon à 8 plis
*Fournitures...1 feuille de papier origami 15 x 15 cm (blanc)

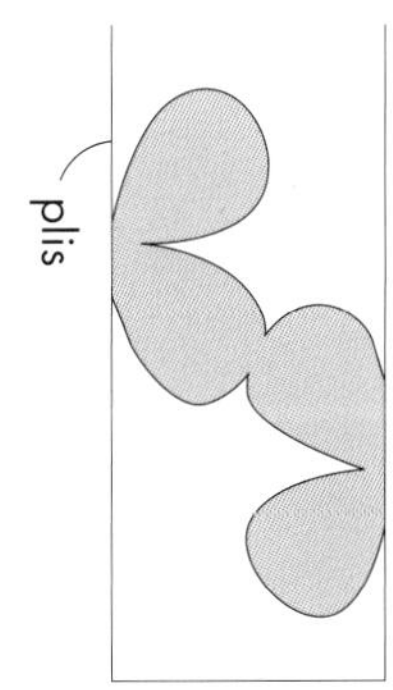

p.29-130 Galon

*Pliage...Accordéon à 8 plis
*Fournitures...1 feuille de papier origami 15 x 15 cm (vert-jaune)

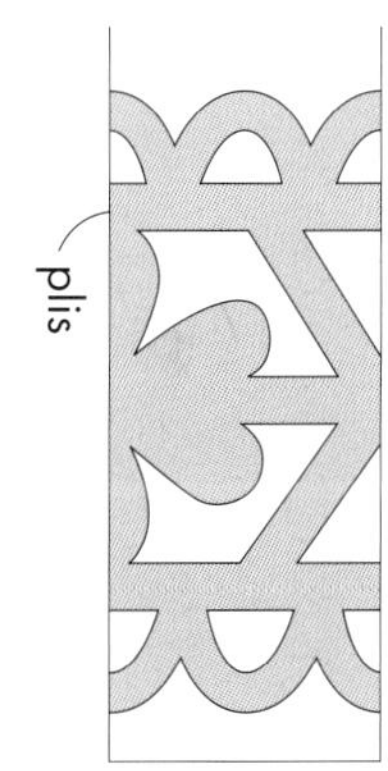

p.29-126 Napperon

*Pliage...Triangle plié en 8
*Fournitures...1 feuille de papier origami 15 x 15 cm (vert menthe)

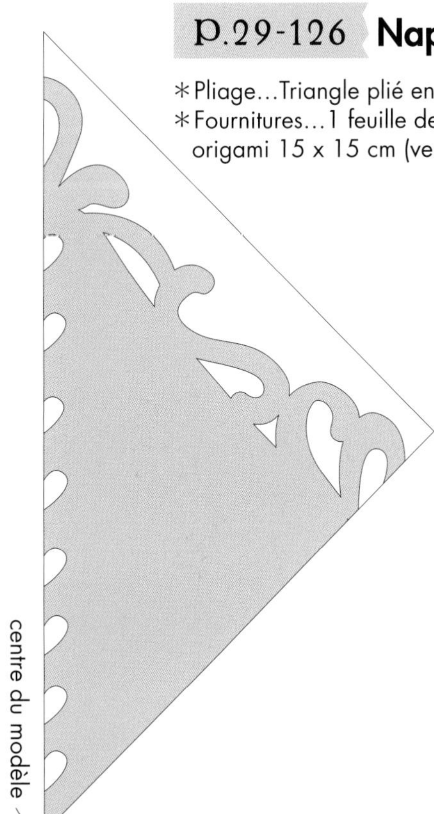

p.29-131 Galon

*Pliage...Accordéon à 8 plis
*Fournitures...1 feuille de papier origami 15 x 15 cm (rose)

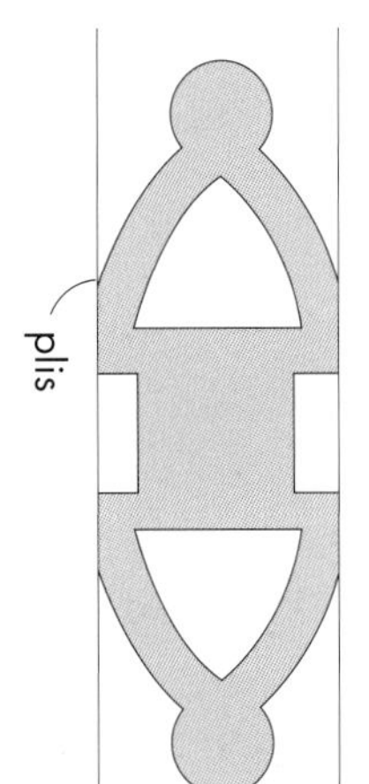

p.30-132 Chat

∗Pliage...Carré plié en 2 (enveloppe)
∗Fournitures...1 enveloppe 9 x 20,5 cm (jaune)

p.30-133 Souris

∗Pliage...Carré plié en 2 (enveloppe)
∗Fournitures...1 enveloppe 9 x 20,5 cm (bleu ciel)

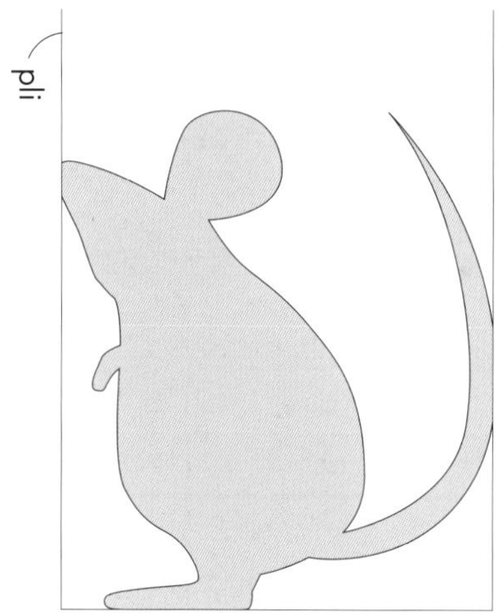

p.30-134 Chat

∗Pliage...Carré plié en 2 (enveloppe)
∗Fournitures...1 enveloppe 9 x 22,5 cm (beige)

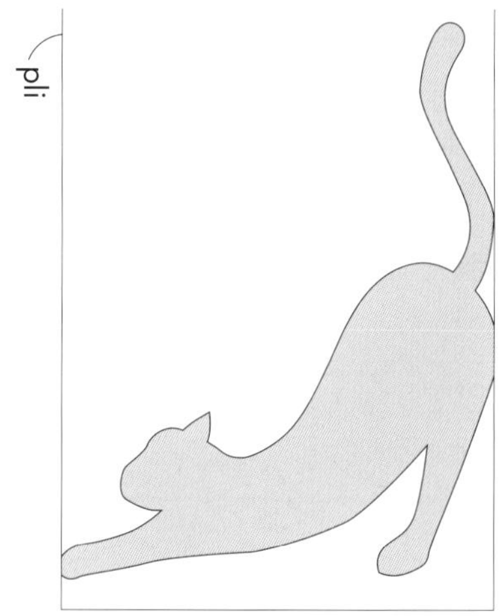

p.30-135 Rose

∗Pliage...Accordéon à 3 plis (enveloppe)
∗Fournitures...Enveloppe 9 x 20,5 cm (rose, jaune) 1 de chaque

p.31-136 Couronne

∗Pliage...Accordéon à 4 plis (enveloppe)
∗Fournitures...1 enveloppe 9 x 20,5 cm (rose)

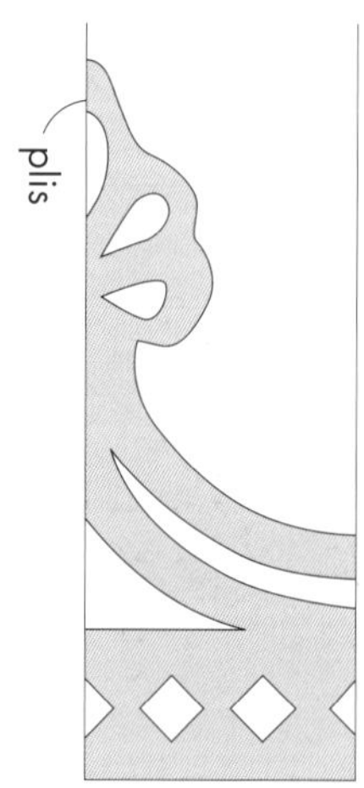

p.31-137 Couronne

∗Pliage...Accordéon à 4 plis (enveloppe)
∗Fournitures...1 enveloppe 9 x 20,5 cm (jaune)

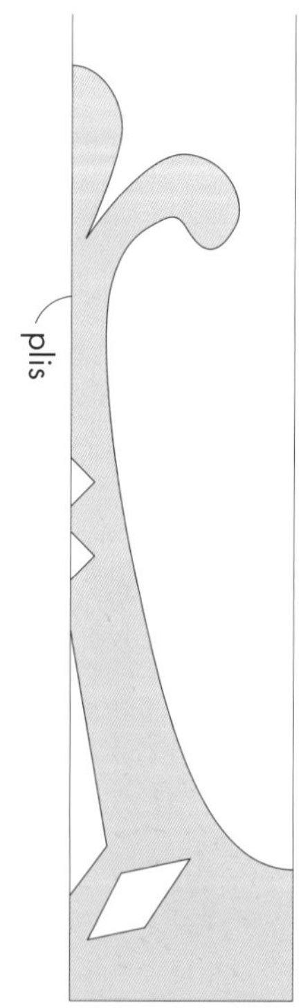

p.31-138 Jeune fille au balcon

Balcon
*Pliage...Carré plié en 2 (enveloppe)
*Fournitures...1 enveloppe 9 x 22,5 cm (beige)

Jeune fille
*Pliage...Carré plié en 2
*Fournitures...1 feuille de papier à dessin 8 x 10 cm (bordeaux)

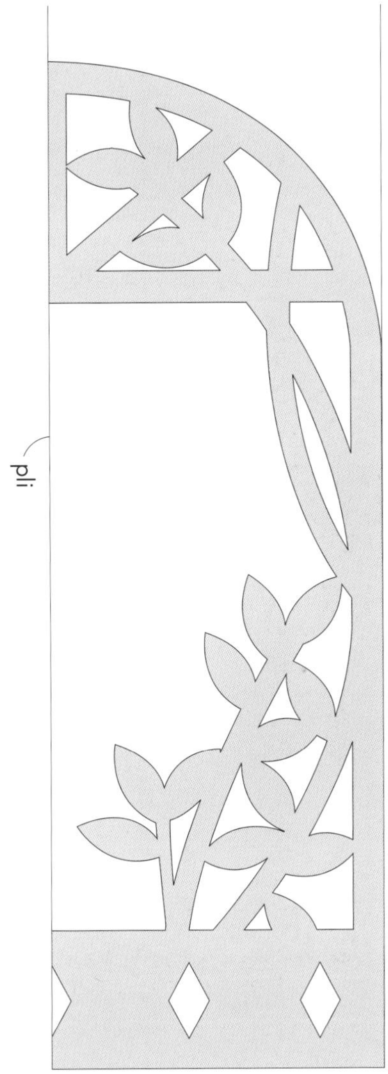

p.31-139 Jeune fille dans le bosquet

Bosquet
*Pliage...Carré plié en 2 (enveloppe)
*Fournitures...1 enveloppe 9 x 20,5 cm (vert menthe)

Jeune fille
*Pliage...Carré plié en 2
*Fournitures...1 feuille de papier à dessin 8 x 7 cm (rose pastel)

Finitions de 138 et 139

Ouvrir les kirigami en enveloppe (balcon, bosquet), puis placer une jeune fille dans chaque.

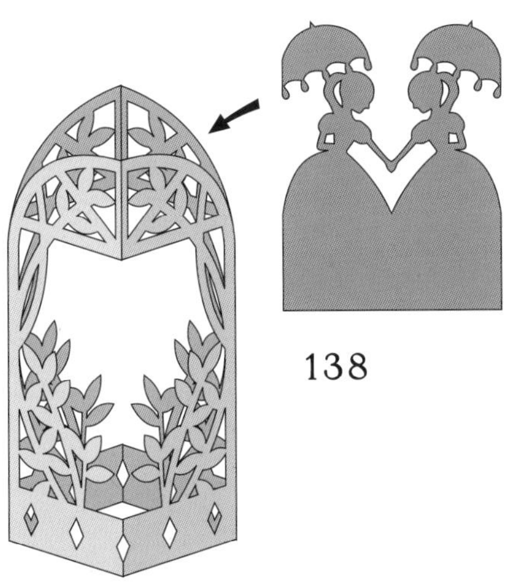

138

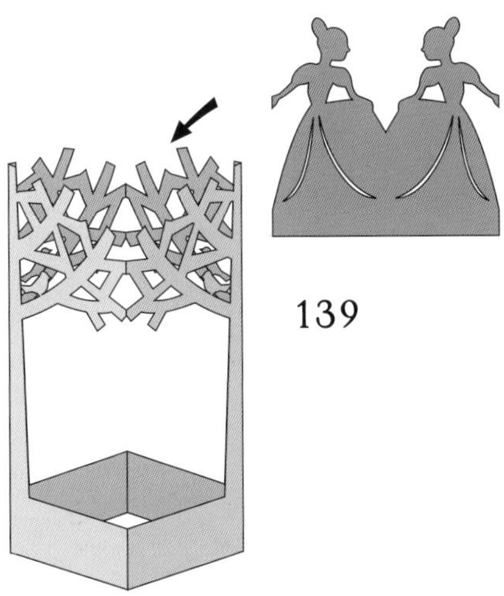

139

P.32-140 Motif géométrique

∗Pliage...Triangle plié en 6
∗Fournitures...1 feuille de papier origami 15 x 15 cm (marron)

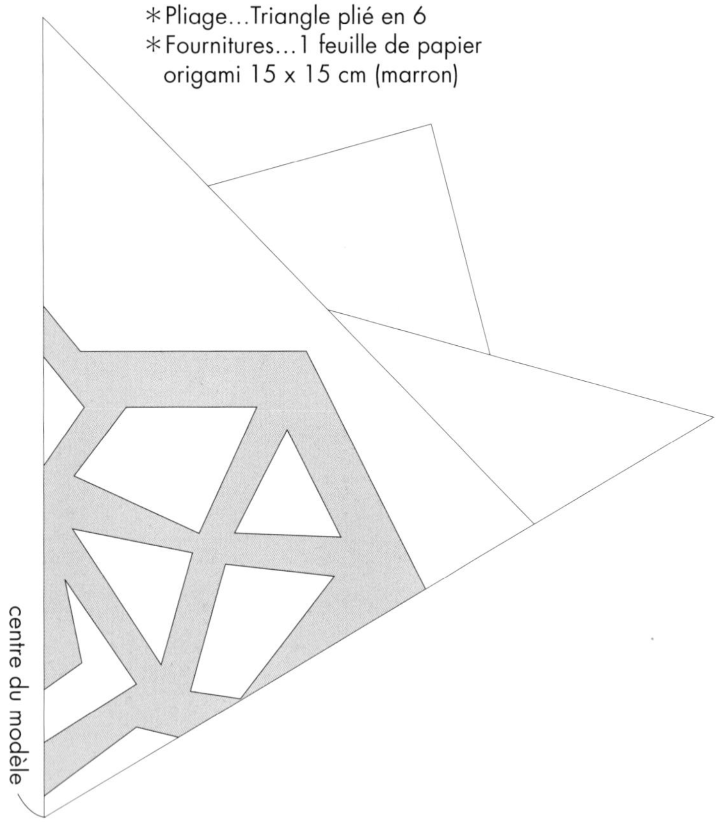

P.32-141 Motif géométrique

∗Pliage...Triangle plié en 8
∗Fournitures...1 feuille de papier origami 15 x 15 cm (bleu marine)

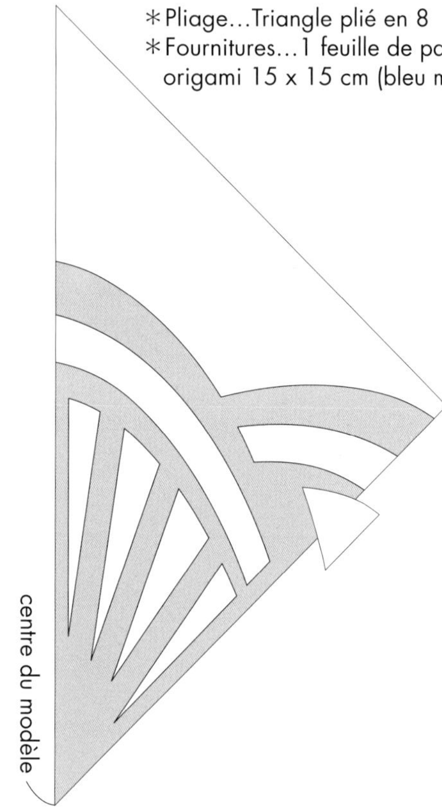

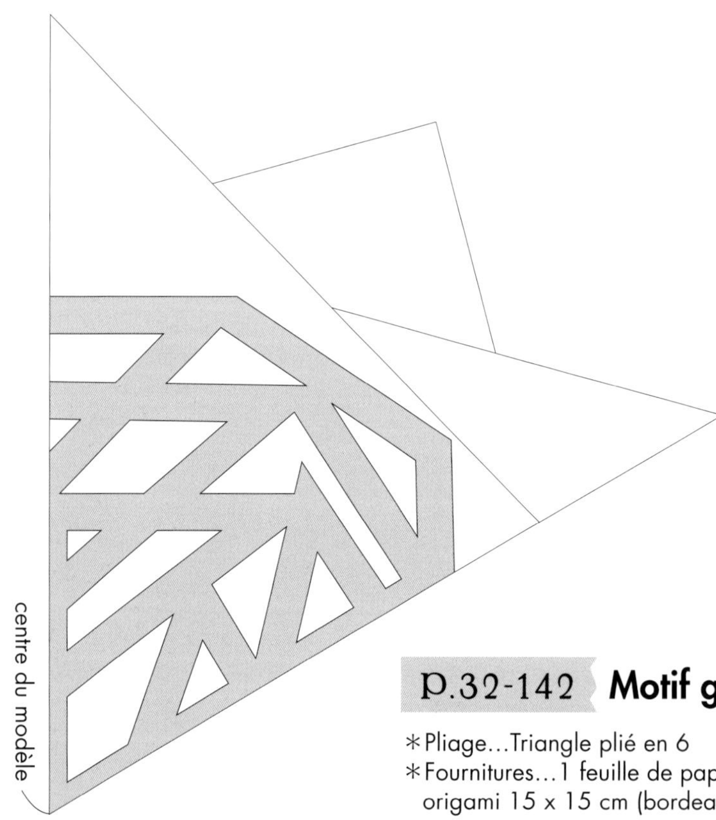

P.32-142 Motif géométrique

∗Pliage...Triangle plié en 6
∗Fournitures...1 feuille de papier origami 15 x 15 cm (bordeaux)

p.33-143 Motif géométrique

*Pliage...Triangle plié en 8
*Fournitures...1 feuille de papier origami 15 x 15 cm (vert menthe)

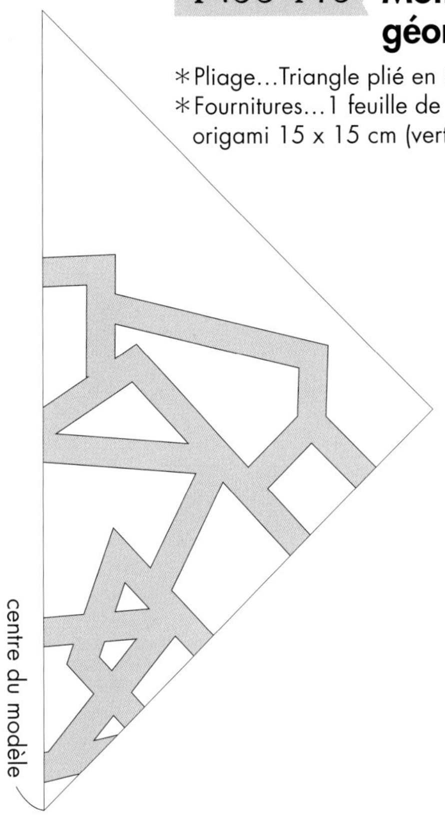

p.33-144 Motif géométrique

*Pliage...Triangle plié en 8
*Fournitures...1 feuille de papier origami 15 x 15 cm (jaune doré)

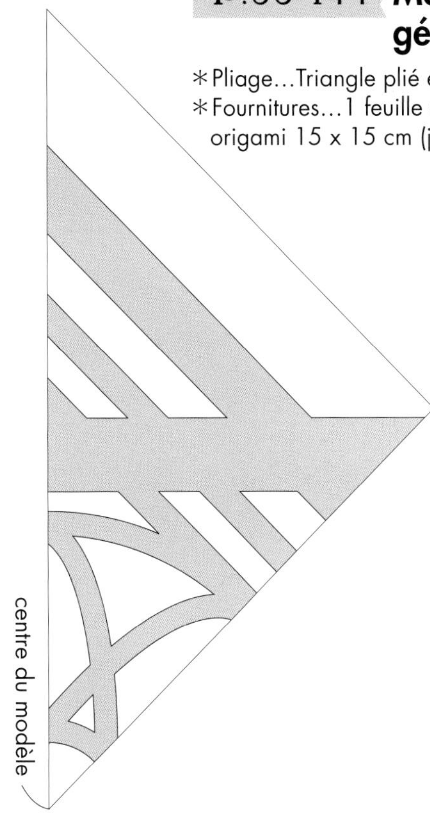

p.33-145 Motif géométrique

*Pliage...Triangle plié en 8
*Fournitures...1 feuille de papier origami 15 x 15 cm (mauve)

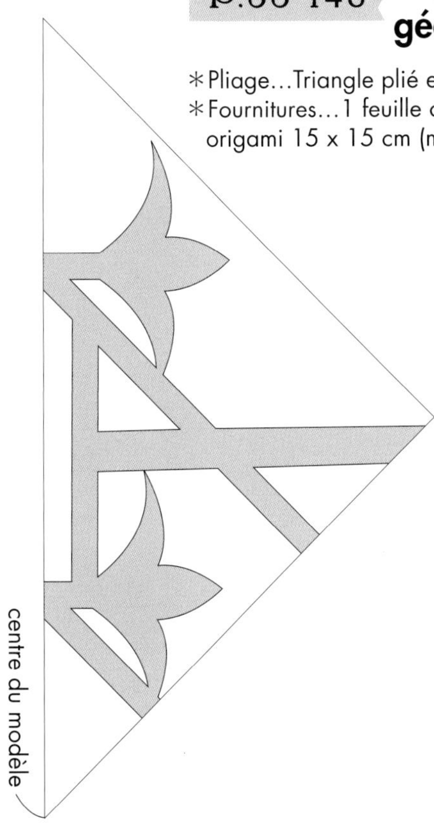

p.33-146 Motif géométrique

*Pliage...Triangle plié en 8
*Fournitures...1 feuille de papier origami 15 x 15 cm (ocre)

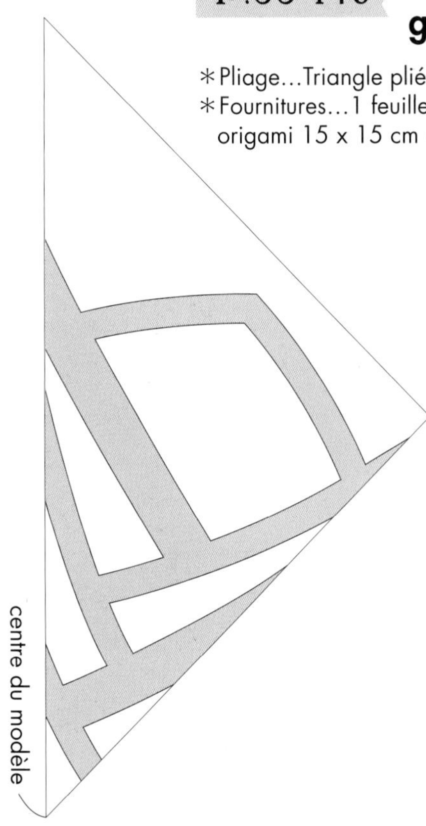

p.35-153 Ornement fleurs

*Pliage...Carré plié en 2
*Fournitures...1 feuille de papier à dessin
13 x 14 cm (vert clair)
Fil de chanvre

p.35-154 Ornement cœur

*Pliage...Carré plié en 2
*Fournitures...1 feuille de papier à dessin
14 x 13 cm (magenta)
Fil de chanvre

Finitions de 153, 154 et 155

Passer un fil dans le trou, nouer puis suspendre (faire de même pour 154 et 155).

P.35-155 Ornement oiseaux

*Pliage...Carré plié en 2
*Fournitures...1 feuille de papier à dessin
12 x 15 cm (rose saumon)
Fil de chanvre

P.34-147 Moineau

*Pliage...Accordéon à 4 plis
*Fournitures...1 feuille de papier origami 15 x 15 cm (jaune doré)

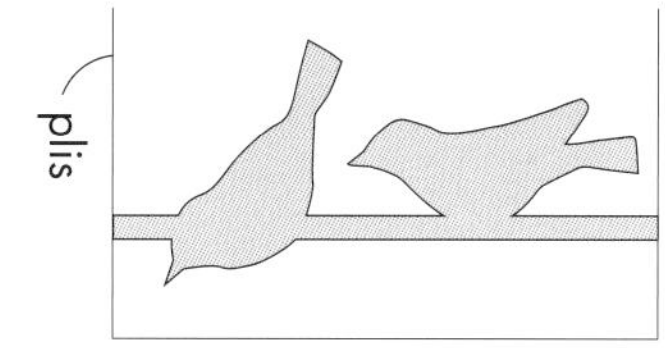

P.34-148 Linge

*Pliage...Accordéon à 4 plis
*Fournitures...1 feuille de papier origami 15 x 15 cm (vert menthe)

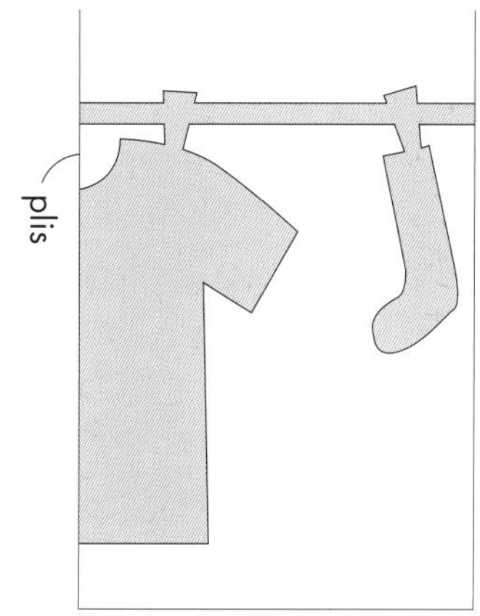

P.34-149 Arrosage

*Pliage...Accordéon à 4 plis
*Fournitures...1 feuille de papier origami 15 x 15 cm (bleu)

p.34-150 Montgolfière

＊Pliage...Accordéon à 4 plis
＊Fournitures...1 feuille de papier origami 15 x 15 cm (bleu ciel)

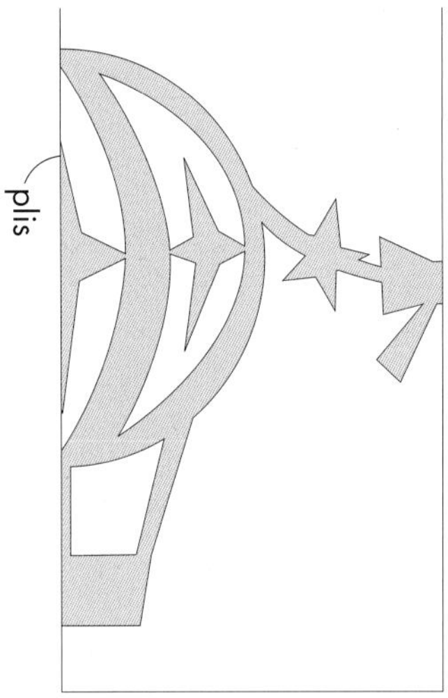

p.34-152 Fleurs

＊Pliage...Accordéon à 4 plis
＊Fournitures...1 feuille de papier origami 15 x 15 cm (vert-jaune)

p.34-151 Maison

＊Pliage...Accordéon à 4 plis
＊Fournitures...1 feuille de papier origami 15 x 15 cm (rouge)

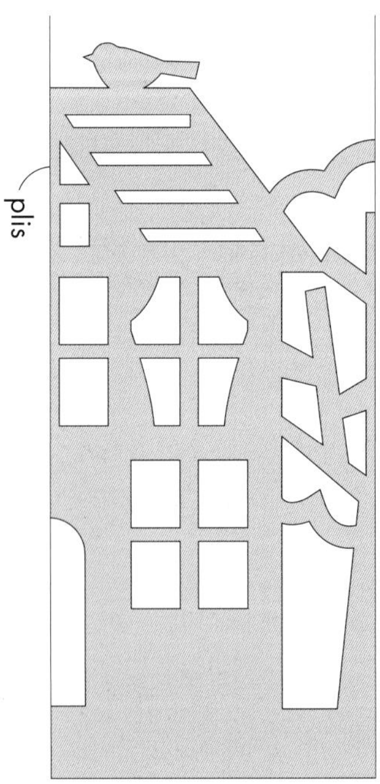

p.36-157 Immeuble

＊Pliage...Accordéon à 4 plis
＊Fournitures...1 feuille de papier origami 15 x 15 cm (bleu marine)

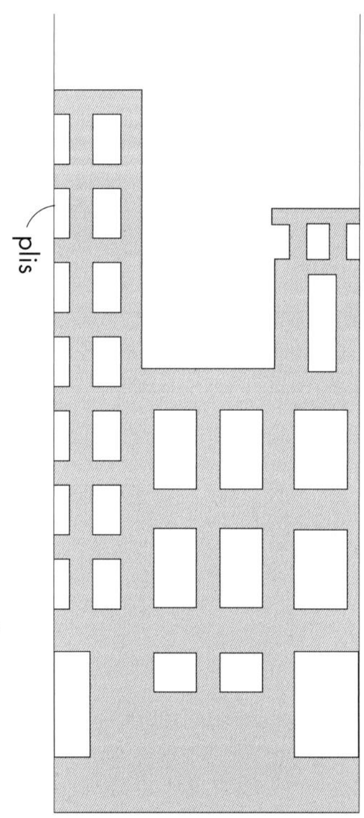

p.36-158 Arbres

＊Pliage...Accordéon à 4 plis
＊Fournitures...1 feuille de papier origami 15 x 15 cm (vert)

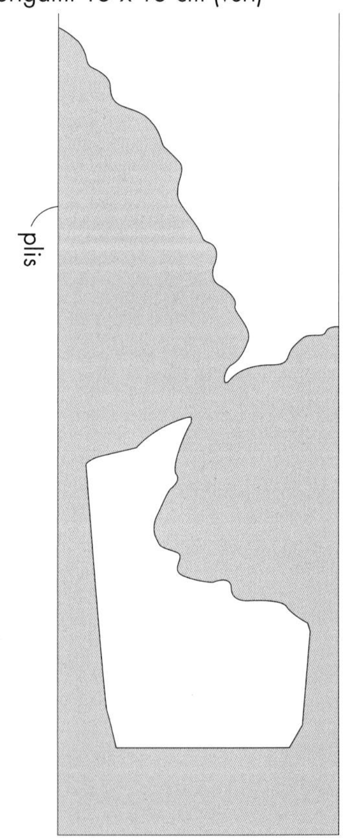

p.36-156 Étoile

＊Pliage…Accordéon à 8 plis
＊Fournitures…1 feuille de papier origami 15 x 15 cm (blanc)

Sur la photo page 36, j'ai aligné 2 guirlandes.

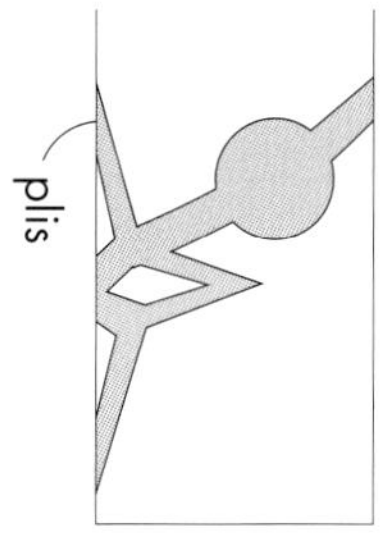

p.37-166 Chat

＊Pliage…Accordéon à 4 plis
＊Fournitures…1 feuille de papier origami 15 x 15 cm (noir)

p.36-159 Maison

＊Pliage…Accordéon à 4 plis
＊Fournitures…1 feuille de papier origami 15 x 15 cm (bordeaux)

p.37-164 Arbre

＊Pliage…Accordéon à 4 plis
＊Fournitures…1 feuille de papier origami 15 x 15 cm (marron)

p.37-165 Réverbère

＊Pliage…Accordéon à 8 plis
＊Fournitures…1 feuille de papier origami 15 x 15 cm (violet)

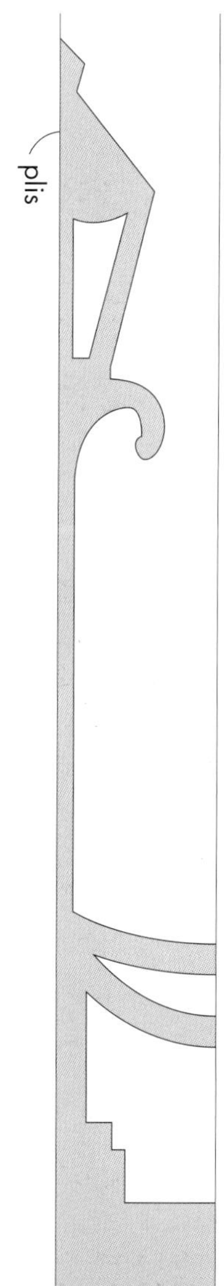

p.37-160 Mobile étoile

∗Pliage...Carré plié en 2
∗Fournitures...1 feuille de papier
à dessin 8 x 14 cm (crème)
Fil

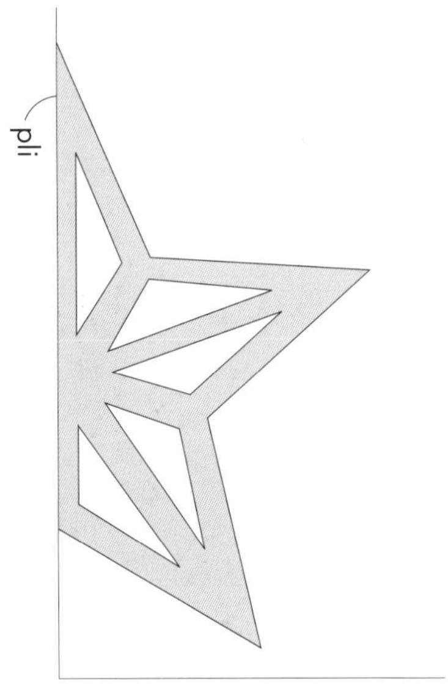

p.37-161 Mobile étoile

∗Pliage...Carré plié en 2
∗Fournitures...1 feuille de papier
à dessin 3 x 10 cm (argenté)
Fil

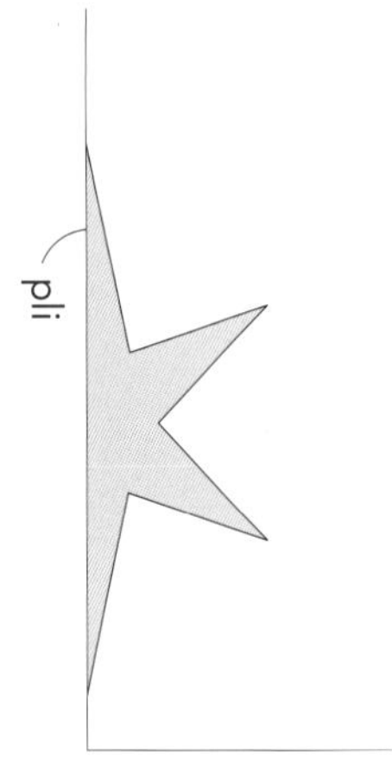

p.37-162 Mobile étoile

∗Pliage...Carré plié en 2
∗Fournitures...1 feuille de papier
à dessin 6 x 12 cm (crème)
Fil

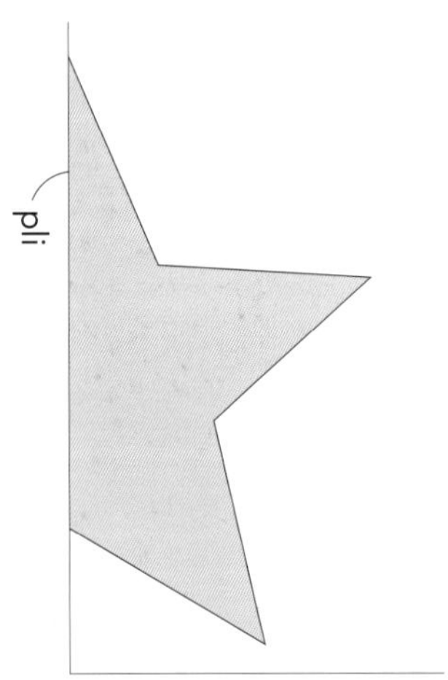

p.37-163 Mobile étoile

∗Pliage...Carré plié en 2
∗Fournitures...1 feuille de papier
à dessin 6 x 12 cm (crème)
Fil

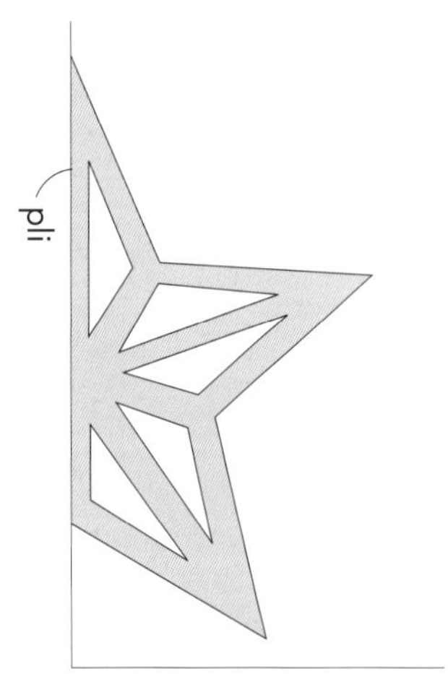

Réalisation

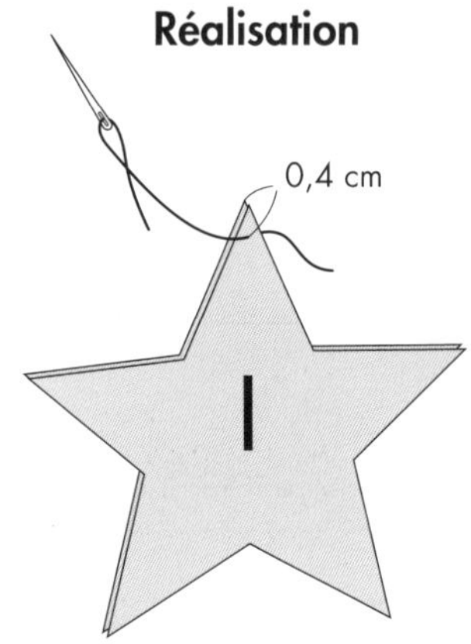

Découper 2 pièces similaires.
Superposer et agrafer.
Pour les mobiles 161 et 162, passer un fil à l'aide d'une aiguille et nouer.

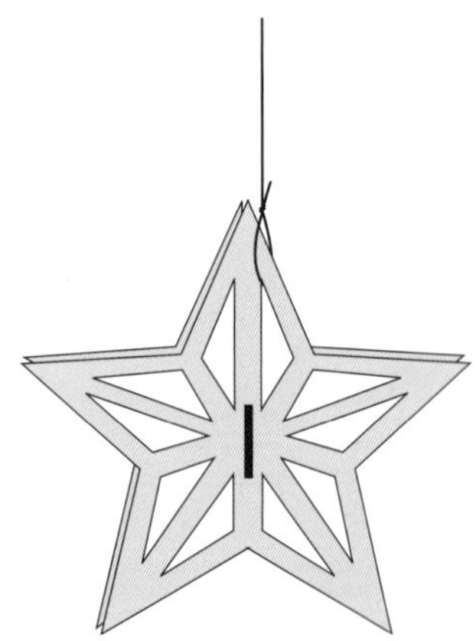

Pour 160 et 163, superposer 2 pièces et passer le fil dans un des trous découpés. Nouer.

Ouvrir les feuilles et suspendre.